传　媒　与　文　化　书　系

跨文化传播

广告与视觉修辞

张慧子◎著

中国传媒大学出版社
·北　京·

推荐序

跨越国家和地区的边界，借助物理介质（报纸、广播、电视、书籍）等进行的信息物理性传递，类似商品跨越时空的物理位移，已然实现。但是，要推动信息被受众接受，像商品由消费者购买并主动消费一样，绝非易事。

原因在于，商品的使用价值奠定了其交换价值，进而通过销售和消费商品实现了其内在价值，这是马克思的劳动价值论揭示出来的基本规律。而信息的使用价值，尤其是单一信息的使用价值很多时候并不明确，即便是复合信息也要通过对 5W 要素的筛选，通过传播机构的权威性、传播话语的引领性、传播过程的持续性、传播渠道的泛在性、传播内容的必要性、受众信息消费的习惯性等要素，将信息机构整体和信息传播过程的使用价值夯实、建构，并通过适当的整合营销方式凸显其交换价值。一家媒体能够被受众接受并信任，一组信息能够被阅读和二次传播，一种借助信息传递出来的观点可以被消化和接受，甚至影响行为，信息的价值才算完成赋能。

因此，跨文化传播，推动信息跨越国家和地区边界，还要跨越文化的边界，才能实现信息使用价值的落地、交换价值的提升。价值生成机制的良性养成，涉及社会学、哲学、政治学、历史学、语言学、心理学、传播学等领域，是一项需要广泛借鉴多领域经验的实践活动，是一种需要广泛触及个体感觉、知觉和表象等心理要素，触动概念、判断、推理等知识生产要素，触发集体记忆层面的认知、态度和行为的系统工程，意义重大，任重而道远。

正如法国学者阿芒·马特拉所说："传播既是一种产生权力的资源，也是一种负载权力的标签。" 张慧子老师在本书中提出，在跨文化交往过程中必然会产生猜测、翻译、误解、隔阂、争辩、冲突、协商等行为和交流模式，因此，跨文化传播的实质是拥有不同文化背景、世俗规约、公序良俗、历史背景的权力构型与另一种权力构型的相遇和认知重建。

由此，这本书既适合新闻学、传播学、广告学等专业学生阅读，也可供品牌传播、市场营销、跨文化传播等相关领域的专业人士学习参考。传播目的的实现，也需要媒介通路。语言和媒介是互构的概念，就像商品和广告的关系一样互相成就。全球化和信息传播基础结构的革命，已经有效推动跨文化传播遽然突破物理和文化边界的阈限——生活在互联网环境中的一代人，无法回避跨国商品对日常生活的全面接管，更无法逃避世界范围内数字广告携带着其价值判断和文化叙事席卷全球的文化倾销。因此，我们可以说，媒介化生存的判断支撑了传播泛在化的假设，同理，全球传播生态的变迁更是支撑了跨文化传播泛在化的现实。

每个人，从乌润的眼珠迎来第一束光，便开始感受世间万物、自然信号，开启了传播。从古登堡到扎克伯格，从毕昇的活字印刷到微信直播，现代人类坐上了技术充分赋能的光速飞船，实现了跨越时空的信息交流和认知转换。信息的高密度叠加和空间的瞬时性联通，让身处不同族群、不同地域、不同国家的人们主体间性的对话变得日常，跨越或适应他者文化语境和历史规约的文明互鉴与文化对话如水流不息，历史性和空间性的文化冲突和认知障碍面临全面重构。跨文化传播，此时来看，越来越成为现代人的一门必修课，成为日常生活新常态。《跨文化传播：广告与视觉修辞》这本书就在这样的语境下诞生了。

首先，该书以广告跨文化传播为研究对象，通过一种轻松、谐谑的方式，把跨文化传播这一专业话题生活化、具体化、实践化，这是本书的一大特点。在消费主义浪潮席卷全球的背景下，商业广告无孔不入，它首要的任务是把商品使用价值借助传播予以具象化，与消费者的生活方式进行深度对话，实现商品的交换价值。同时，它也是一种文化传播，丰富着人们的生活，调节着我们的情绪；它还是各国经济的晴雨表。张择端的《清明上河图》中记载了中国历史上最早的广告形式，至今可以让中外友人一目了然。

其次，《跨文化传播：广告与视觉修辞》一书从数字广告的视觉影像入手，是对文字性跨文化传播阈限的一种超越性尝试。图像化、影像化的视觉修辞呈现出比文字更强的认知穿透力和阐释维度的包容性。数字广告很好地结合了影像化特征，承载了大量商品信息和文化信息，在无差别抵达目标消费人群的认知场域和生活空间方面发挥了积极作用。

再次，本书按照跨文化传播的理论逻辑、修辞逻辑和广告实践三部分来推进，思路清晰。第一部分理论篇，主要从跨文化传播的问题场域引出传播主体、传播客体、传播工具和传播对象在跨文化交流中的动因、障碍和差异；从文本入手解读广告作为传播载体在当今跨文化传播中的角色特征——同质化、时尚化、差异化；从消费主义视角拆解商品的全球化，倒逼信息打破语言壁垒和认知区隔，同时还使本书研究框架实现了逻辑自洽和路径夯实。第二部分修辞篇，主要从视觉修辞的方法、广告叙事与视觉修辞、跨文化传播中的视听差异性三个方面层层递进讲述广告中的视觉修辞在跨文化传播这一宏大叙事背景下的技术属性、政治属性和经济属性，以及在具体案例中所呈现的自我表达价值和认同建构价值的有效性。第三部分实践篇，主要从中国企业的对外品牌传播、外国企业在中国的营销传播以及重大国际体育赛事中的跨文化传播互动案例入手，一方面分析中国海外传播数字化营销的优势和存在的问题，另一方面也提出了具体的改善建议。在跨国品牌中国传播的论述中，作者选取了真实案例进行分析，强调危机公关因文化差异而造成品牌的舆论认同危机，这些对于全球化品牌的海外传播都具有借鉴价值。

2023年恰逢“一带一路”倡议提出十周年，在“一带一路”建设中，中国企业如何借助自身优势进行跨文化传播，以品牌价值为引领，做好中国文化的传播使者，创造共同利益？本书作者思考问题的角度和思路可作为借鉴。

本书作者张慧子是一位新闻传播学领域的年轻学者，博士毕业十多年来一直从事数字广告和品牌传播领域的理论研究和实践，主持多项国家级、省部级课题，拥有丰富的媒体实践经历和政府、国企项目合作经验。这些都有效支撑了本书的学术和实践指导内容。

很荣幸作为本书的第一个读者，写下上述读书笔记；仅记录我的学习心得，供读者参考，算不得什么序言。所谓开卷有益，更何况是面对这样一位认真负责的学者之作！

姜飞

2023年6月22日

目　录

第一篇　理论篇

第二篇 修辞篇

第三篇 实践篇

第一篇

理论篇

从理论视角来看，广告是一种与经济有关的消除不确定性因素的信息传播形态，它具有强烈的经济属性，目的是为了说服消费者采取购买行动或者认同品牌主张。信息作用于人体感官，人通过视觉、听觉、嗅觉、味觉和触觉进行感知。广告中视觉语言的占比较大，视觉语言的对象具有生物性和社会性，即人的双重属性。从生物性角度来看，不管来自哪个国家、哪个民族的人，作为生物体，都需要吃饭、睡觉、呼吸，对安全的生存环境有基本的需求。从社会性角度来看，广告既具有民族性和国家性，同时由于商品消费的全球性，广告又必须具备跨文化属性。在商品打通不同文化的交易通路之前，信息的说服尤为重要。在这个过程中，跨国公司将其品牌和商品做到了全球化与本土化兼顾。

广告本质上是一种传播行为，如果要从跨文化传播的角度来研究广告的视觉修辞，那么，我们首先需要考察跨文化传播所研究的范畴，其讨论的问题场域从理论层面可以有哪些不一样的解释，即广告与视觉修辞理论溯源的依据。

第一章　跨文化传播的问题场域

- 传播主体交往动机的内隐化
- 传播客体群体接触的他者化
- 传播工具表意区间的差异化
- 传播对象文化互动的权力化

在《西方的兴起》一书中，麦克尼尔认为“世界历史的发展主要应归功于各文明、文化间的相互交流，相互作用，而高技术、高文明地区向低技术、低文明地区的传播即其表现”[①]。马歇尔·麦克卢汉说：“就像鱼并没有意识到水的存在……传播通过语言和其他符号形式，也构成了人类生存的周遭环境（ambience）。”[②]在对比跨文化传播的问题域、研究范畴和问题场域三个概念的过程中，笔者所理解的问题域是讨论的对象集合，研究范畴是讨论的问题疆界，问题场域是把这些概念和焦点放在何种环境之中，了解了这三者的区别，笔者决定将跨文化传播的问题场域这个概念放在本书的第一章进行讨论。

我们要讨论的是跨文化传播，如果说广告是水中鱼，那么它所在的传播环境和文化土壤以及社会规约就是水。不同的历史时期和社会阶段都有属于自己的传播构型[范式、结构（configuration）]，从经济、社会、技术、思想以及局部的、地方的、国家的和国家不同层次区分的传播构型对于传播概念产生了权威定义。[③]传播仪式观的代表人物詹姆斯·凯瑞认为，生命是一场交谈，要理解社会秩序的来源和特征，需要从解读人类如何思考、制造符号并由此建构共享符号的规则来架构意义大厦开始。在他眼中，世界首先是而且主要是词语的世界（a world of words）。人类创造符

① 麦克尼尔J R，麦克尼尔 W H. 人类之网：鸟瞰世界历史[M]. 王晋新，宋保军，译. 北京：北京大学出版社，2011：17.

② CAREY J. Communication as culture: essays on media and society [M]. Boston: Umwin Hyman,1989:24.

③ 马特拉. 全球传播的起源[M]. 朱振明，译. 北京：清华大学出版社，2015：XIV.

号用来架构、传播思想与意图，用符号来设计组织机构等。人们利用符号来建构一个可以共享的文化，而跨文化传播本身就是在超越原有母体生活环境的全新语境中的符号表达、行为建构、模式塑造等一系列全新的规范化行为。

法国学者阿芒·马特拉认为："传播既是一种产生权力的资源，也是一种负载权力的标签。"① 具体到日常生活，大多数发展中国家的普通人认为自己不出国就体会不到跨文化传播，但是生活在互联网环境中的一代人，无法回避跨国商品对日常生活的"入侵"，数字广告携带着价值判断和文化叙事席卷全球每一处消费场景。

跨文化传播的实质是拥有不同文化背景、世俗规约、公序良俗、历史背景的权力构型与另一种权力构型的相遇和认知重建。在跨文化交往过程中必然会产生猜测、翻译、误解、隔阂、争辩、冲突、协商等行为。凯瑞说，"与其他学者不同的是，英尼斯和麦克卢汉看到了媒介不只是社会的附属物，还是社会肌理的决定性因素"②。传播观中的"传播"一词原指出于控制目的而在地理空间中扩展讯息，而仪式观中的"传播"一词原指一种以共同身份把人们召集在一起的神圣典礼。从一个构型到另一个构型的过渡中，传播显示出断裂性和连续性。人类传播起源的历史遵循一种与媒介形态传播不同的路径。在此，传播被放在一个宽泛的视野中，它涵盖了财产、人员和信息的诸多交换与流动回路，其定义包含了交通道路、远距离传输网络和象征性交换手段。③

跨文化传播的问题场域将研究对象限定在一定的主体、范畴、理论和框架中。丹尼斯·狄德罗（Denis Diderot）在 1753 年编撰的《狄德罗的〈百科全书〉》中指出，传播的多义性指向了分享、团体、毗邻、连续、体现、展览等思想。④ 在《狄德罗的〈百科全书〉》中作为线索来安排知识及其"连贯性"的是修辞学，它是一种"理性的理解方式"，而跨文化传播则是在流动社会中的民族空间的交通网络联通与国内意见市场的碰撞，这是遍布在"主体间、客体间、工具间和对象间"的问题框架。

本章将从"我与他者"的交流实践出发，面向传播主体交往动机的内隐化；在文化适应的过程中反思群体间接触传播客体的他者化；在跨文化对话中超越工具符号系统的差异性；在文化互动中反思传播对象的权力支配关系，恢复文化间交往的竞争性与互惠性。

---

① 马特拉．全球传播的起源 [M]. 朱振明，译．北京：清华大学出版社，2015：V.

② CAREY J W. Harold Adarns Innis and Marshall McLuhan[J]. Spring,1967(1)：270–271.

③ 马特拉．全球传播的起源 [M]. 朱振明，译．北京：清华大学出版社，2015：XIV.

④ 狄德罗．狄德罗的《百科全书》[M]. 坚吉尔，梁从诫，译．广州：花城出版社，2007：197.

一、传播主体交往动机的内隐化

跨文化传播之所以存在，是因为人既无法单独生存于世界上，同时又无法完全复刻另一个个体的思想行为。由于地理空间、气候条件的限制，人类最初只有结成部落共同抵御野兽和自然灾害才能求生。在不同的生存空间中，地球上形成了不同的族群部落，这些族群部落繁衍生息，有了自己的语言和交流方式，在此基础上形成了城邦，并逐渐发展为国家。人与人之间需要沟通，族群与族群之间需要交流，国家与国家之间也需要交往，基于此，就出现了关于跨文化传播场域问题的第一个概念：传播主体。

在此，我们讨论的传播主体毫无疑问是人，是人类社会中的人。人类最早的结绳记事和洞穴壁画是通过符号在族群中传递信息，靠着这种交流，人类战胜各种自然灾难和野兽侵袭。随着历史进程的推进，人类依次进入奴隶社会和封建社会，在某个时期出现了商品交换，商品交换的发展催生了更多的信息传递，此时，语言文字被进一步工具化。语言促进了民族国家的形成。不同语言以同样的方式约定了人与人交往中的不确定性：都用“陌生的、不同的、不确定的、可怀疑的”指称“他者”，把“他者”界定为一切危险的源泉。跨文化传播情境之下人们用“谁是我们”“谁是他们”来想象同一他者和差异他者的距离，进而选择同化或融合、分离或对抗等交流策略。

根据史料记载，我国最早的翻译作品见于西汉刘向的《说苑》卷十一《善说》的《越人歌》，南朝时又被徐陵收入《玉台新咏》。据《说苑》记载：公元前528年，楚灵王十二年，楚国令尹鄂君子晳举行舟游盛会，在盛会上，越人歌手对鄂君拥楫而歌。歌词用的是越语，楚人记音为：“滥兮抃草滥予？昌桓泽予？昌州州湛。州焉乎秦胥胥，缦予乎昭澶秦踰渗，惿随河湖。”越人音调婉转柔媚，风格清新且飘逸，鄂君不解其意，从人遂用楚语翻译，云：今夕何夕兮？搴洲中流。今夕何日兮？得与王子同舟。蒙羞被好兮，不訾诟耻。心几顽而不绝兮，得知王子。山有木兮木有枝，心说君兮君不知。①

如果从族群语言差异的角度来看，这可以算我国比较早的翻译作品之一。翻译者需要同时具备两种文化群体的生活经验和语言表达经验才能翻译得如此美妙。

---

① 谢天振，等．中西翻译简史 [M]. 北京：外语教学与研究出版社，2009：3.

西方有文字可考的最早的笔译作品可以追溯到公元前250年罗马人里维乌斯·安德罗尼柯（Livius Andronicus）用拉丁语翻译的荷马史诗《奥德赛》，距今已有2,200多年。罗马人在军事、政治上征服了希腊，为了把灿烂的希腊文化移植过去，开始大规模翻译希腊的典籍。翻译史学家凯利说，古罗马时期以来，西方文化的发展首先应当归功于翻译，因为没有翻译就没有古希腊文化在罗马的发扬光大。① 从罗马帝国开始，就有西边拉丁语、东边希腊语之分。古希腊语发展到现在，成为现代希腊语。在西欧，英语、德语、荷兰语等日耳曼语系通行于北方，西班牙语、葡萄牙语、法语、意大利语等罗曼语系通行于南方。由此可见，最初的翻译是一种文明到另一种文明的扩散，伴随着战争扩张和资源转移、伴随着交流融通，它从一个地理空间到达另一个地理空间。

（一）主体性思维的难以测量

从主体间的不确定性入手，交往首先需要面对的是主体性思维的个体化。类人猿在进化的过程中，制造并使用工具，在群居生活中使用记号，也就是后来我们所知道的符号。最初的记号是极具个人主观色彩的表意符号，可以是象形的，也可以是楔形的，总之，当一个人第一次看到别人留下的记号时，只能根据自身的理解去猜测、去判断、去交流，所以记号在自然界是一种指针②，表明这个地方是否存在危险，是否有水源，是否有食物。彼此认同的符号，才能实现有效交流。有时候他们也会怀疑自己留下的记号是否能正确表意，个体可以自我怀疑却无法怀疑他者。最初的记号、指针甚至符号的解释权在于发出者本身。“我思故我在”，人们通过怀疑确认自己的存在，但是怀疑无法通向他者。胡塞尔认为，对主体性的理解转向了“与世界的意义关系”，即人的意识是一种开放性的意识，我们始终活在与世界的意义关系之中，这种关系是意向性的、动态的。

每个人的意识、体验不断地变化，所以随着经验的增长，你身边的他者很可能采用新的角度去看待事情。随着经验与看法的改变，他已经不是你之前认识的那个人了，你们之间的互动关系也会随之改变，这便是主体思维的困境。人活在某种关系当中，在这种关系中，人才能理解所谓的自身是什么，从而形成普遍的“伦理追求”③，“与他人一起，为了他人，在正义的制度中过‘好的生活’”④。一

① 谢天振，等．中西翻译简史 [M]. 北京：外语教学与研究出版社，2009：19–20.
② 舒茨．社会世界的意义构成 [M]. 苏国勋，译．北京：商务印书馆，2012：19–29.
③ 胡塞尔．笛卡尔沉思与巴黎演讲 [M]. 张宪，译．北京：人民出版社，2008：55.
④ 利科．作为一个他者的自身 [M]. 佘碧平，译．北京：商务印书馆，2013：37.

个拥有一定中文词汇量的北京学龄前儿童随父母在美国生活了一年之后，回到北京见到浴室的第一反应是“I need a shower”，而非“我要洗澡”。父母担心孩子忘了母语，担心美国儿童读物中的“She and she get married”会影响孩子的性别意识和婚恋观，但是又希望孩子在语言学习期内提升英语水平。父母只能一次次自我怀疑将学龄前儿童带到异国他乡生活一年的价值和意义，却无法怀疑或理解孩子自身的主体性思维。

人无法将自己的想法写入他人的大脑，哪怕在科技飞速发展的今天，我们可以创造人工智能，将芯片植入机器人，让其在短时间内学习人类积累几千年的知识，但机器人无法继承人类的情绪、情感以及文化语境之中不同主体的创造性思维。这大概是未来科学世界区分人与机器人的唯一指标。人，一旦具有主体性思维，便很难去复刻他者的思想、情感、文化认同，哪怕他可以模仿他者的语音语调、行为动作，让自己融入某一族群，但是内心真实的想法和思维逻辑依然可以保留在个体大脑当中，在不受控制、不看利弊的环境中自然流露出来。与此同时，每一个主体本身的思维也是瞬息万变、随着时间流淌而不断变化的，那么在与他者互动的过程中，两个人随时可能变化的思维刚好落在某一点上实现交流，这一过程充满了不确定性、难以测量性和内隐性。

以华为在非洲推出的数字广告为例，同样来自非洲国家的留学生，面对宣传中国企业在非洲进行基础设施建设，提倡节能减排、提高电能利用率的同一部广告片，一个来自刚果的同学对此充满感激之情，另一个来自卢旺达的同学却表示不喜欢。她不喜欢广告片展示非洲贫穷落后的一面，在她看来，非洲有那么多快速发展的一面，可为了突出中国企业，广告片将非洲的贫穷落后展示出来，这让她觉得难以接受。

（二）传播主体自我的内在冲突

传播主体交往的不确定性伴随着重要的生理基础：主体性大脑的矛盾，即主体自我的内在冲突。“人不能两次踏入同一条河流”，不仅因为时间的线性流淌，更是因为人的“此在”与“彼在”差异，这一秒与下一秒人的变化。“将来的你”会否定“现在的你”做出的选择，“现在的你”也会质疑“曾经的你”做出的决策。哪怕是在同一时间、同一空间，个体由于生物性的限制也会受到大脑来自不同因素的影响，好似薛定谔定律，是尚未解开的谜团。

社会认知神经学理论专家认为，大脑天生就能与他人进行连接，同时存在一个难题，在与思考他人、思考自己相关联的脑区，支持社会思考的神经网络与支持非社会思考的神经网络通常是矛盾的。神经科学领域（大脑图片及功能分区）在大脑的前运动区和布洛卡区（语言活动的区域），镜像神经系统让个体感觉到他人的行为意愿、情绪体验似乎就是自己的，也让个体能通过自己的动作系统感觉和了解到他人行为的价值与意义。

由于主体本身原有大脑接受的认知习得不同，不同主体在同一条件刺激下会调取不同的信息存储。哪怕是同卵双胞胎面临同一问题、同样的社会现象和自然现象时也很难做出同样的选择。正是由于这种差别的存在，跨文化传播与视觉修辞才具有不确定性。而大脑神经感应区域的矛盾为主体间交往的不确定性提供了生理依据。

（三）传播主体交往动机的内隐化

主体间交往的不确定性来自“交往动机的复杂性和内隐化”。如何考察跨文化传播过程中主体性交往的动机？这一动机是否会影响甚至决定广告与视觉修辞的策略？我们可以从人与人交往的动机中去考察。众所周知，面向全球市场输出的广告，它在带有文化属性的同时更直接的是带有商品属性。就好像肯德基、麦当劳是否在输出美国的快餐文化？答案是显而易见的，但更重要的是这些跨国企业在进入一个国家后，在全球化资本的运作下赚取了高额利润，让企业品牌家喻户晓，哪怕在本国知名度平平、销量平平，它们一样可以在海外市场遍地开花。肯德基在美国的利润率和知名度远不及在中国的。同时，美国的一些汉堡品牌完全没有全球化意识，只愿意在美国本土开店，这种品牌是否需要跨文化传播呢？如果根据自身的经营特色和产品定位，只需要在本土做到最受欢迎的汉堡品牌即可，那么这家企业就会缺乏向他国扩张的动机。大到一个企业，小到一个个体，交往过程中的主观能动性千变万化且隐藏于心。传播主体表现出来的动机，经由他者调研分析，是否与其头脑中的动机一致，目前还没有一种有效的测量方法，只能通过事后调查进行匹配，调查的可靠性有赖于被调查对象的绝对诚实、毫无偏差的大脑记忆和瞬时的情绪稳定。

马丁·布伯[①]认为，人与人的交往有两种，第一种，“我”和“你”是平等交往的主体间关系，“我”显示为人格的我。第二种，“我”和“它”将对方看成实现某种目的的工具，“我”显示为特殊性的我。在此，马丁·布伯将“你”作为一

① BUBER M. I and you[M]. London: Morrison and Gibb Ltd,1923：7-12.

种精神空间和精神食粮，记录着前人的生活经验、智慧成果以及文化叙事。在一定时空中，现实的“我”与精神的“你”偶遇，那么“我”与“你”之间的交往便是平等的。但在日常生活中，绝大多数情况下，社会交往显现为“我”与“它”的工具理性式的生存交易和主宰支配式的交往模式。

弗洛伊德认为，人与人之间不存在种族差别，所谓文明人一样有潜意识、性本能（libido），以人格平等的姿态进行交往是有可能的。但人的自我（ego）、本我（id）和超我（super-ego）三者常常表现为不平衡。自我是自足的、生理性的，而不是互动的、社会性的。适度的焦虑和不确定性对人来说是必要的，人正是以此辨析“我是谁”“我与他者的关系怎样”，因此处于跨文化冲突中的人需要寻求焦虑与非焦虑、确定性与非确定性的动态平衡点。这种由主体间性所调动的交往理性是跨文化传播的重要动机之一。

象征性互动理论的创始人 G.H. 米德[①]认为，人是具有象征行为的社会动物。其后继者 H.G. 布鲁诺[②]认为，人是根据“意义”即关于对象事物的认知来行动的。而意义又是在社会互动中产生、由人来解释的。库利认为，意义交换是人与人赖以生存和发展的条件。根据米德[③]的观点，人的“自我”意识伴随着意义的传播活动而形成，自我是“主我”和“客我”的统一。“主我”是个人的主体意识，而“客我”是从周围观察到的他人对自己的态度、评价和角色期待。基于此，人们为了获得更好的“客我”，使“主我”的交往态度发生变化，影响到主体性交往的动机，而在不同的文化中，意义的建构千差万别。

以大学生在校表现为例，中美师生在课堂互动方面对于“argue”和“课堂师生辩论”的意义解读完全不同。大多数情况下，“argue”是美国课堂教授非常希望看到的，它通过学生的质疑、争辩，培养学生的思辨能力、逻辑推理能力，检验学生的课前预习能力和相关知识的拓展能力；但是，在中国的课堂上，教授无法接受学生当众质疑自己的观点，这是“挑战权威”和“不尊重师长”的表现。一个中国学生想要在大学课堂上获得更高的分数和教授评价，最好是认真附和教授的观点，而当他去美国留学后，在课堂上他需要改变自己与教授的互动方式，通过回答问题、质疑和现场辩论才能获得更好的成绩。这一系列的行为变化来自同一个动机，在不同的文化语境下，相同的动机需要通过截然相反的行为去实现，因为同一行为在不同文化

---

① 米德．心灵、自我与社会 [M]. 赵月瑟，译．上海：上海译文出版社，2021：217.

② 郭庆光．传播学教程 [M]. 北京：中国人民大学出版社，2011：75.

③ 米德．心灵、自我与社会 [M]. 赵月瑟，译．上海：上海译文出版社，2021：222.

语境中的解读截然相反。同理，在不同动机的驱使下，人与人交往的主体间性更是变幻莫测，会出现让人匪夷所思的行为表现和意义解读。

（四）传播主体共情能力的差异

跨文化传播在理性作用之外，还需要一种强烈的人类共情能力。然而，共情能力因为个体所处的环境、身体机能的状况、遗传基因的不同而具有很大差异。这便是“主体间交往的不确定性”的另一根源：人的共情能力天然具有差异性。在神经科学版“恶之平庸”《恶的科学：论共情与残酷行为的起源》这本书中，研究者通过功能性磁共振技术发现人脑中的特定回路即共情回路，以及由此形成的“共情”和“共情腐蚀”。研究指出，共情是一种能力，它使我们理解别人的想法或感受，并用恰当的情绪来回应这种想法和感受。而共情腐蚀产生于人把其他人当成物品的情况。人与人的共情能力可以分为不同等级。我们所有人都位于一条共情光谱（从高到低）的某一点上。那些我们称之为恶人的，不过是处在这条光谱上的一个极端位置而已。①

以广告为例，很多公益广告以情感诉求为主。如图 1–1 的广告，不同大小的猎豹身上被标注 XL、S 等人类服装的尺码符号，暗指如果人们消费野生动物的皮毛，这些动物就会被无情猎杀，这种广告会让有些人不忍心野生动物被猎杀，从而改变消费习惯，不再穿戴动物皮毛。面对同样的广告，有些人则会无动于衷。正如日常生活中所说的，有的人泪点低，即共情能力强；有的人泪点高，即共情能力弱。图 1–2 的广告通过拟人的方式表达了人与动物共通的亲情，只要能看懂文字的受众就能从动物的对话中感受到情感冲击。但对于图 1–1 而言，人们只需要看到猎豹身上的尺码符号就能联想到动物与人类日常服饰之间的关系，一边是动物的生命，一边是人类社会的消费。这两幅公益广告对于受众的影响力取决于受众的共情能力，不同的人看到同一画面，其共情能力带来的反应会有很大不同。从跨文化传播角度来看，图 1–1 的效果更好，因为它不需要借助语言系统进行翻译，只需要看符号，而服装尺码符号是全世界通用的。语言需要翻译，拟人情景的代入感还需要根据不同的文化语境进行调整。

① 科恩．恶的科学：论共情与残酷行为的起源 [M]. 高天羽，译．桂林：广西师范大学出版社，2018：22.

图 1-1　WWF 公益广告

图 1-2　IFAW 公益广告

（五）传播主体交往中无法回避的焦虑

因为主体间的紧张关系是客观存在的，所以每个人都面对着一个根本的难题：主体间交往的不确定性及其引发的焦虑。人们在相同的文化语境中会产生同侪压力，在不同的文化语境中又不可避免地面临着文化优势压力和经济优势压力等。因此，不管是内文化群体交往还是跨文化群体交往，都不可避免地给传播主体带来压力和焦虑感。从一种语言过渡到另一种语言的过程中，如果完全没有生活经验和相关的媒介物、联系人，我们普遍会感到不安、焦虑、迷茫、痛苦。就好像中国的留学生初到北美、欧洲的任何一个国家去求学，哪怕之前在国内通过了语言考试，但在日常生活中，短期内还是难以融入当地文化。笔者个人真实的体验是，与美国本土同学交往很难，尤其是有一定年龄差距的同学，但是，与同样作为留学生的移民或非移民同学交往起来相对容易，因为我们都是从一种文化进入另一种文化的外来者。虽然南美留学生作为拉丁语系的母语使用者更容易进入北美文化，但是“我们都是外来者”的身份感会让彼此在交流中减轻焦虑。

学者古迪昆斯特①曾提出如何消减与陌生人交流时的焦虑与不确定性。一方面，交往中的不确定性有着上限和下限。如果不确定性超出下限或上限，人们就不能有效地交流，进而产生焦虑。同样的，焦虑亦有上限和下限。若焦虑超出上限，交流的有效程度便大幅降低，人们倾向于以简化方式处理信息，如依赖刻板印象。若焦虑超出下限，交流的积极性就会大大降低。如果要保持交流的积极性，就需要将焦虑控制在中等水平。

以一些品牌在中国市场推出的广告片为例，成功的案例往往积极融入本土文化，让中国消费者感受到自己和国际消费者的一致性，反之，失败的案例大多强化品牌所属国的傲慢与偏见，让本土消费者有文化冲突感及不适感，会激化本土消费者对跨国品牌的负面认知。在信息不足以解释“偏见”成因是品牌需要的时候，消费者很容易按照原有知识积累和文化属性对其进行解读，从刻板印象的角度去理解品牌方输出广告片的“别有用心”。本书第十章将以杜嘉班纳在 2018 年 11 月份推出的年度秀场宣传片《起筷吃饭》为例进行分析。此片美化了意大利美食而贬低了中国的筷子、面条的价值、贬损了中国人形象，让中国消费者感到极度不满，引起了中国消费者的全面抵制，品牌的负面舆情波及全球华人和其他亚洲国家使用筷子的人群。出现这种局面，品牌方要自我

① 古迪昆斯特 . 跨文化交际理论建构 [M]. 上海：上海外语教育出版社，2014：173.

检讨是否真的有民族文化歧视，同时，还要考量哪些跨文化传播过程中的细节会带来相关的认知和表达冲突。

以上我们从主体思维、大脑、交往动机、共情能力和焦虑五个方面解读、分析了主体间交往的不确定性成因。这五个因素分别从人的主观能动性、生理机能承载的客观性、交往动机的趋利性、共情能力的差异性与跨文化交往社会心理焦虑的必然性进行说明。在具体的跨文化传播活动中，还存在着各种偶发性因素，在此不一一讨论。

二、传播客体群体接触的他者化

文化内群体竭力展示其归属感和独特性，而文化外群体因自身的独特性被误读而感到焦虑不安。群体间接触不可避免会带来他者化，人们在区隔“你族”和“我族”的过程中将彼此视为他者，忌惮自身的文化属性被划归为他者，又在“你族”的凝视中强化“我族”的文化烙印。

（一）陌生人与他者对传播客体的认知差异

在人类发展的历史长河中，为了抵御野兽侵袭并在恶劣的自然环境下生存，人们逐渐习惯了群居，而群居生活的后果是，人习惯于用祖先、宗教、语言、历史、价值、习俗和体制来界定自我。基于这种认同，人从群体中获得力量，也会失去与他者的交流。他者是由认同差异生成的。所谓认同又被称为同一性、独一性（uniqueness）和一致性（unity）。这种认同的力量使种族主义、民族主义、法西斯主义、宗教激进主义等思潮出现，并且以某种颇具感染力和感召力的方式，把人们引向非人格的“自我”，诸如民族同一性、种族同一性、国家同一性、教派同一性等身份。这样的认同偏向于建构文化的本质和文化间的本质差异，不可避免地会产生群体间偏见。①

任何族群都经历了相似的群体间偏见：从“他者”（other）到“他者化”（othering）。后者即人们通过将负面特点加诸他者（其他群体或其他个体）而获得的自我身份认同的过程。但他者化的合理性被以资本为导向的社会流动性所打破，比如好莱坞大片中对亚裔的外貌、行为、身份、社会阶层等的偏见性设定。出于资本扩张的需要，

① FISKE S T. Intergroup biases: a focus on stereotype content[J]. Current opinion behavioral sciences,2015,3(6): 45–50.

电影里也会融入特殊的国家背景和故事元素，但民族或国家群体偏见会进一步加深社会偏见。

西美尔认为，对于不同文化群体的人来说，彼此是陌生人。人在与异文化群体交往中拥有多元文化视角，因而能以对方的视角看问题，用普遍、客观的方式看问题。这无意中触及了陌生人之间的传播关系，生发出群体间接触的基本问题，即种族关系圈、社会距离或陌生度（degree of strangeness）、群体间偏见、文化适应等。西美尔在谈到“现代社会的构成”时提到陌生人既远且近的矛盾性：“他虽从远方来，却选择留下来居住；他虽然留下来居住，却也随时有可能离开。”①

改革开放之后，国际上一批 4A 广告公司先后进入中国市场，它们最早的产品是按照创意总监所属国的文化特性来制作的，比如太渍洗衣粉的创意总监来自印度，其广告以说唱跳舞的方式展示产品，让中国人看了一头雾水。后来一批拥有中国香港、中国台湾地区生活背景以及在新加坡、马来西亚等华人聚集区生活过的广告从业者先后成为创意总监，他们的创意会凸显中国文化和本土性的社会习俗。这是针对大企业而言的，而对于中小微企业来说，更熟悉本土企业生存逻辑和公众消费心理的是本土创意人，比如叶茂中的“一年逛两次海澜之家”“今年过节不收礼，收礼只收脑白金”。这些经典广告语几代中国人都耳熟能详，不仅因为其创意精准，产品特点突出，而且因为本土广告创意人更懂得中国的风土人情，更能找到消费者的痛点。所以，当前有些跨国广告公司创意总监经历了由两种文化兼得的创意人担任到本土化创意人担任的变化。

（二）群体间接触对于传播客体的价值

随着世界经济的全球化，不同群体之间不可避免地有接触与交流。不管是最初的主动选择海外冒险掠夺资源，还是族群被入侵后被迫接触，从跨文化传播的角度思考：群体间的接触强化了偏见还是削弱了偏见？比如，母语是汉语且掌握了英语的人是更容易接受西方文化还是更加排斥西方文化？拥有两种文化背景的人，是更认同母语文化还是更喜欢双语世界带来的国际感呢？学者萨义德在“东方主义话语的比较性偏见”中提到，西方人对东方人的偏见和认知包括：东方是欧洲的病人；东方是被西方男性征服的女人；东方是东方学家的舞台，而东方人是看客；东方是被审判者，西方是法官；东方是儿子，西方是父亲。②这些认知会

---

① 西美尔 . 西美尔文集：哲学的主要问题 [M]. 钱汝敏，译 . 上海：上海译文出版社，2006：57.

② 萨义德 . 文化与帝国主义 [M]. 李琨，译 . 上海：上海三联书店，2021：137.

让东方人感到不舒服，但由于西方的经济优势和信息传播优势，东方人又会不自觉地受其影响。

中国在改革开放之初，一部分先富起来的人，消费时言必称西方，最为流行的话是“人头马一开，好运自然来”。40多年后的今天，中国在经济崛起基础上增强文化自信，反映到商业领域是茅台股价一路上涨，商务宴请中不再以各种洋酒为尊，而是以茅台和各种窖藏国酒为夸耀的资本。美国社会达尔文主义的代表人物之一萨姆纳通过达尔文的“自然选择”和“适者生存”的思想解释社会现象。他认为社会发展是生物进化的一种形式，认识社会的关键在于区分内群体和外群体。内群体通过夸耀自己和藐视外部人来提升自己，个体不假思索地将内群体的价值与行为视为完美的，并自动运用它们去判断他人，把不具有这些价值与行为的人定义为外群体。1981年雷达手表进入中国市场，其电视广告片里，一个金发碧眼的外国女子开着红色轿车在中国长城上飞驰，带给人的感受是冒险、刺激、新鲜甚至是高级。在市场经济飞速发展的过程中，我们习惯于把外国演员和模特展示的商品奉为高级的东西，一个品牌、一件商品，如果是中国模特和明星在向你展示推销，你会觉得接地气，如果是完全陌生面孔的西方人、白人，消费者会感到高级、有身份，也更有消费冲动。20世纪90年代初，如果在一个非省会城市看到外国人，一条街的人都会好奇地上下打量对方，但是今天，如果一个外国人走在大街上，中国人看到后几乎不会有任何好奇心和围观的热情，从这个角度来看，我们自身群体对待外国人的态度、对待内群体和外群体的态度也在发生变化。

民族中心主义者的做法在世界上很多国家都普遍存在，比如印度的种姓制度，人为规定有的人等级高、有的人等级低，虽然其理论依据来自宗教，但是在现代文明国家还是会让受过教育的理性人觉得异常残酷，因为这决定了有些人生来就被剥夺了获得美好生活的机会，只能一辈子做苦役、被辱骂、被践踏而得不到任何社会关注，无法过正常人的生活，而另外一些人，生来就高人一等，可以靠家庭身份带来的特权享受此生。这样的情况在电影中也有反映。2018年9月上映的电影《绿皮书》，讲述的是在美国南北战争之后，奴隶制被废除后的很长一段时期内，美国南方的庄园主依然无法接受黑人，哪怕这个黑人是自己邀请来欣赏高雅艺术的演奏家。黑人单独出入酒吧就会有被辱骂、枪杀、抢劫、诬陷的各种可能。剧中的白人司机是意大利裔移民，虽然在经济层面他自己处于社会下层，但是当他妻子拿出自家杯子招待黑人管道修理工喝水之后，他依然会嫌弃地将杯子丢弃。虽然后来他和黑人艺术家患难与共，但在相识之初，他认为自己是白人，要比黑人高贵。民族中心主义者认为：个人判定其他文化比自己民族文化低等是人们将自己归属于内群体的结果。

人格心理学家奥尔波特[①]在群体间接触理论中提出关于“宽容人格与偏见人格”的观点，即社会主导群体与少数群体的接触可以减少偏见产生的基本条件，即交往双方处在平等地位上，寻求共同目标与团体之间的合作，且依托于社会、制度、习俗与法律等的支持。这些条件有赖于宽容人格，具有这种人格特征的人善于处理内心的冲突，能更加平和地面对自我与他者。以电影《绿皮书》为例，司机的妻子显然具有宽容人格的特征，而司机最开始还是具有一定的偏见人格特征。偏见人格或专制人格阻碍了群体间交流，持这种人格的人长期处在压抑之中，他们既疏远自身，又渴望远离外部世界，因而用非黑即白、冲突外化等功能性偏见（functional prejudice）来进行自我保护。影片中，白人司机与黑人演奏家一路互相帮助、彼此欣赏，他们最终放下种族偏见，成为彼此真诚的朋友，在一起欢度圣诞新年。这部电影不仅向人们展示了种族隔离制度在社会心理层面给大众带来的影响，更是向不同族群的人说明了群体间接触的必要性和真正价值——关注人性之共通情感，建构人类命运共同体。

（三）文化适应与主流群体

少数群体与社会主导群体的关系设定来源于移民、难民与主流社会群体的交往，单向同化曾经是移民和难民的主要选择。从 1971 年开始，随着加拿大、澳大利亚、新西兰、荷兰等国先后推行多元文化政策，明确宣称不主张同化，不主张消除文化差异，每个人都在一个团结统一的国家中和平共处，在保持本族文化的前提下共享文化特色和价值观。整合策略则有待超越他者化，以及在形成新的文化群体之后的“再他者化”，为多元文化主义设定一个“整合”的美好结局。每个人会更加愿意和异文化人群交往，会抱着积极或者互惠的心态与异文化者交往，从而实现文化整合，这其实是一种脱离交往工具理性实践的想象。跨文化心理学家约翰·贝利（John Berry）提出文化适应（acculturation）[②]的概念，在此基础上提出双维度文化适应模型（如图 1–3 所示）[③]，将文化适应者的态度分为融合、分离、同化以及边缘化四种类型。

① 奥尔波特 . 偏见的本质 [M]. 凌晨，译 . 北京：九州出版社，2020：431–437.

② PADILLA A M. Acculturation: theory, model and some new findings[M]//BERRY J W. Acculturation as varieties of adaptation. Boulder:Westview Press, 1983:78–87.

③ BERRY J W.Immigration, acculturation, and adaptation[J].Applied psychology,1997,46(1): 10 .

重视并维持东道国主导文化 ＼ 重视并维持本族本土文化	是	否
是	融合	同化
否	分离	边缘化

图 1-3 约翰·贝利提出的双维度文化适应模型

融合是指文化适应者既能够保持原有文化起源，同时能接纳东道国主导文化规范，二者并行不悖；分离是指拒绝接纳东道国主导文化规范，只能保持原有文化起源；同化是指完全摒弃原有文化起源，全盘接纳东道国主导文化规范；边缘则指既难保持原有文化起源，也无法接纳东道国主导文化规范。①

多元文化主义主导的群体间接触清晰呈现多维度的社会差异，如权力距离、不确定性避免、个体主义与集体主义、男性度与女性度、长时导向与短时导向。这些社会差异依然保留了生产偏见的可能性，并包含转化为“他者化”的可能性。群体间接触还面临“面子协商”的难题：每一种文化群体的成员都会为他们想要拥有的面子而与外群体成员互动、协商，从自我面子出发定义他者，必定会产生话语偏见。

除了主流群体之外，共文化群体被视为附属的、劣势的、少数的、非主流的、亚文化的、缄默的群体。共文化群体成员会基于某种具体的经验领域，以他们所偏好的结果和传播方式与主流群体成员进行策略性交流，在某种具体的情境中反抗支配性权力，与那些企图使他们沉默的主流社会结构之中的人协商。群体间接触脱离不了主流群体与共文化群体之间的权力竞争关系。从根本意义上讲，群体间跨文化关系是从群体间的权力竞争关系中产生的，多元群体间接触过程中产生多样的可能性。

① BERRY J W, PHINNEY J S, SAM D L, et al.Immigrant youth: acculturation, identity, and adaptation [J]. Applied psychology, 2006：55(3): 303–332.

（四）生物性的他者与社会性的边缘人

摩尔根在《古代社会》中指出：19 世纪以来，群体间交往遭遇的最大挑战是进化论预设的他者化逻辑，即种族主义的逻辑。[①] 这种逻辑的本质强调因为人被自然归于价值不等的、“进化度”不同的种族，所以应当以不同的方式对待他们。

美国芝加哥学派的创建者罗伯特·帕克同样受到达尔文主义的影响，他从西美尔的陌生人思想中发展出“社会距离”的概念，其学生斯通·奎斯特又发展了这种理念，撰写了著作《边缘人》（*Marginal Man*）。帕克画出了人类的“种族关系图”[②]，认为：所有群体都在为获得可利用资源而斗争，不同的群体接触后就发生冲突，冲突过后是适应阶段，各群体之间的界限被明确地标示出来，然后进入分离阶段，最后便是同化阶段，下属群体接受了上属群体的文化，最终消失于其中。边缘人[③]的概念是指生活在两个不同世界、对两个世界都陌生的人，他们也是“文化混血儿”，是在未完全相融的文化边缘生活的个体。边缘人所聚焦的跨文化传播问题为：那些来自不同文化背景、有不同观念信仰的人在互动过程中如何说明和理解意义？包括描述特定文化之间传播的性质、揭示文化的异同，基于对文化异同的理解，研究如何消除造成传播差异的文化屏障，以便更好地理解自己的文化，理解文化的创造和分野的进程。

族群中的某个成员在接触他者的过程中，不仅要克服生理上的自然差异，还要克服来自族群的文化偏见，抛开内群体与外群体的刻板印象，所以，广告的传播并不仅仅是经济层面的信息流通，还需要承载或者克服这些文化偏见，来拉近群体间的社会距离。以上海本土某广告公司 2022 年为美的品牌在国际市场推出的空气净化系统广告片《奇幻达尔文》为例（如图 1-4），故事模版以达尔文的进化论为基础，同时结合薛定谔的猫这一经典理论假设，以西方人喜闻乐见的视觉修辞方式将产品的特性向西方市场进行推介。但是，从这支广告片中完全看不到中国品牌的痕迹，不知道是不是该企业的全球化品牌战略刻意要求淡化品牌的文化背景。从受众反馈来看，这支广告片在西方市场颇受欢迎。

---

① 摩尔根 . 古代社会 [M]. 杨东莼，马雍，马巨，译 . 北京：中央编译出版社，2007：33.

② PARK R.Human migration and the marginal man[J]. American journal of sociology, 1928：33 (6): 881–893.

③ PARK R.Human migration and the marginal man[J]. American journal of sociology, 1928：33 (6): 881–893.

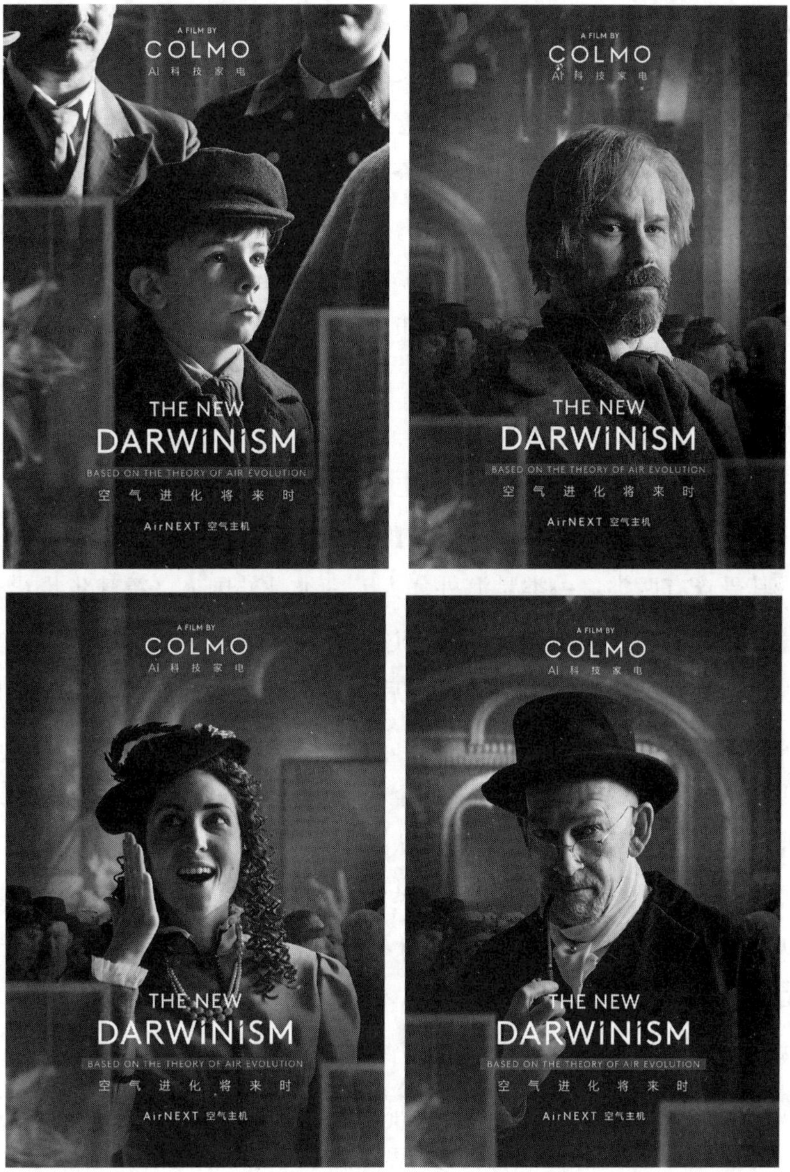

图 1-4　广告片《奇幻达尔文》片头

三、传播工具表意空间的差异化

这里的传播工具并不仅指技术媒介，还指一种包含语言等一系列符号系统的传播介质。美国文化人类学家吉尔兹认为：文化是人类为了传达关于生活的知识和态度，使之得到传承和发展而使用的、以象征符形式来表现的继承性的观念体系。①象征性的社会互动，是双方通过象征符交流或交换意义的活动。而语言便是一套严密的象征符系统。不同的语言符号其表意方式和元素组成千差万别。互动双方需要找到桥接人群翻译语言或者通过中间媒介理解彼此语言的含义。可见，文化涉及的是共享的意义，而语言是具有特权的媒介，我们通过语言理解事物，生产和交流意义。只有共同进入同一种语言才能准确地共享意义，这是翻译很难无差别完成的工作。因此语言对于文化和意义共享都是极为重要的工具，它是种种文化价值和意义的主要载体。

斯图尔特·霍尔认为，语言是作为一个表征系统来运作的。②在语言中我们使用各种记号和符号（包括声音，文字，电子技术生产的形象、音符，各种物品等）来代表我们的概念、观念和感情。以中国传统节日春节为例，如何向海外受众去传播呢？其受众有两类：一类是海外华人，一类是外国人。福建省推出过一部旅游宣传片《让世界看到中国福》，它通过一个在美国出生长大、会讲中文的美籍华人的视角，为大家介绍在中国春节前后到处都可以看到的"福"字，广告通过双语字幕来展现两种文化与语言的差异。"福"字出现在不同的生活物品上和不同的生活场景中：对联、灯笼、祭祖、庙会等，广告通过这样的介绍将中国人用"福"字寄托的美好祝福告知不同文化背景的人。

语言是人类精神的创造活动，是人类精神以不同方式、不同程度自我显示的结果。虽然语言建构了部落间（intertribal）与文化间（intercultural）交流与沟通的可能性。但是每一种语言都在它所隶属的民族周围设下一道藩篱，由此呈现的人类语言的结构差异，把人束缚在语言之中。当一个人像维特根斯坦那样认识到"我的语言的边界就是我的世界的边界"③时，就意味着他把语言作为主要的身份认同内容。受到语言的束缚，难以实现跨语言的交流，这是文化在不同语言之间传播所面临的现实困境。以英语"You deserve it"为例，在不同的语境中会被翻译成"你值得拥有"和"你活该如此下场"两种截然相反的意思。下面我们将从语言产生偏见、语言塑造思维和语言阻隔意义三个层面去论述语言间交流的差异性如何产生以及为何一直存在。

---

① GEERTZ C. From the native's point of view: on the nature of anthropological understanding[J]. Bulletin of the American academy of arts and sciences,1974,28(1):26–45.

② 霍尔．表征：文化表象与意指实践 [M]. 徐亮，陆兴华，译．北京：商务印书馆，2003：1.

③ 苏德超．"我"是谁——从维特根斯坦的角度看 [J]. 华中科技大学学报（社会科学版），2009,12(5)：57–60.

（一）语言作为工具产生偏见

1989 年，意大利社会心理学家 Maass 提出群体间语言偏见（linguistic intergroup bias）的概念，[①] 即当遇到与关涉内外群体的预设观念不一致时，语言的使用体现出刻板印象。当描述一个内群体成员的积极行为或外群体成员的消极行为时，人们往往使用更为抽象的语言；当提起内群体成员的消极行为或外群体成员的积极行为时，人们则使用更加具体的语言。[②] 这是因为，抽象的语言需要接受者主观想象去将画面补充完整，在联想的过程中内群体成员倾向于替具有相同文化背景的族群行动者寻找借口，进而将其消极行为限定为具体的一件事、一个行为。但是，当其内群体成员行为指向积极行为时，抽象的语言更容易使人们将一切相关的美好事物都关联起来。而对于外部群体则相反，内部群体成员描述外部群体的消极行为时多使用抽象语言，将一切负面信息进行关联。

比如，“我们不生产水，我们只是大自然的搬运工”，对于母语行为人而言，这里“大自然的搬运工”让我们联想到“纯天然”“自然洁净”“空气清新”“水质甘甜”等，脑海里会浮现出各种关于大自然的美好形象，虽然搬运工是一个具体的形象，但由于限制语的抽象，人们会浮想联翩。

再比如华为手机进入法国市场时，邀请巴黎网红做代言，本土广告公司针对广告语反复斟酌是用“To be Brave”还是“For the Brave”，按照中文翻译过来分别是“成为勇敢的自己”和“为勇敢者而生”。从中国文化语境来看，用了这款手机你将变得更加勇敢，这是从具体到抽象的过程，这款手机的使用让你更加勇敢，但是，在法国文化语境中，自由和勇敢是与生俱来的品质，并不需要用物质来绑定或彰显，所以从抽象到具体会更加符合法国本土年轻人的文化认知。广告公司最终选择“For the Brave”，翻译成中文可以理解为“为勇敢者而生”或“生而勇敢”。

一般而言，抽象的语言暗含与刻板印象匹配的意义或导向刻板印象的意义；而具体语言表达的是具体情境之中的特定行为，具有不可归纳性和偶然性。它揭露出这样的事实：既存的群体间偏见致使语言策略偏见化，而语言策略的使用又维系着既存的偏见。我们用母语赞美一个人或者一件事情的时候，经常用抽象的语言来表达喜欢，如 2008 年之后的房地产广告：“奢华、尊贵，你值得拥有更好的人生。”

---

① MAASS A, SALVI D, ARCURI L . Language use in intergroup contexts: the linguistic intergroup bias[J]. Journal of personality and social psychology, 1989, 57(6): 981–993.

② MAASS A. Linguistic intergroup bias: stereotype perpetuation through language[J]. Advances in experimental social psychology, 1999(31): 79–121.

而我们作为留学生或者游客在海外遇到吃饭、住宿等问题时，很少使用“我需要一个尊贵的房间”这样的语言，通常会使用“我预订的房间是可以看见风景的、临街带露台的”“我预订的房间是海景房，而不是不带窗户的”等类似的语言。再如女性护肤品广告：“肌肤宛若新生。”但具体是什么样子呢？我们只能看着模特去想象，因为每个人的皮肤状态是不同的。在海外购物时，我们会明确提出品牌型号，而不会说“我要一款使肌肤宛若新生”的产品。这是我们自己在使用语言时不自觉的表达。因为具体的语言更能强调客观事实，而抽象的语言更加带有情感和情绪。人如果长期为群体间语言偏见所困扰，就会产生社会学意义上的异化（alienation），异化所造成的文化疏离感使个人排斥普遍持有的价值观。

（二）语言作为工具塑造思维

语言的差异化直接引发“话不投机”的疏离感和受语言宰制的异化感。本杰明·李·沃尔夫（Benjamin Lee Whorf）的语言相对论假说[①]指出：人们是借助语言所构造的心理范畴来观察和理解世界的，语言的结构影响着人们理解世界的方式，或者说，语言的不同导致了文化的不同；而对语言惯常的、规则化的使用就产生了该文化中人特定的思维模式，即语言塑造着思维。

认同一种文化，便意味着大致上将自己归属于这种语言的世界，便会在群体规范和文化规约之中去了解各种概念和观点是如何呈现为本族群语言，以及语言何以能被理解为能指的抽象、所指的具象和意指的想象世界的。共享这些事物基于语言这一象形符的编码、解码、译码，基于从同一概念里看世界，并通过同一系统理解世界。人们在不知不觉中被建构认知，接受思维训练的构型。

语言学家索绪尔将语言分为两部分：第一部分是语言系统（langue），包括语言系统的各种一般规则和信码，这是所有使用者共享的，比如孩子学习汉语需要从拼音开始，学习英语要从 26 个字母开始。英语的语序一般是主语—动词—宾语（如“猫坐在垫子上”）。在拉丁语中，动词常常出现在末尾。汉语的表达相对复杂，同样一句话，不同的语调会带来不同的意思。第二部分是言语（parole），包括说、写或描绘等各种行为，是由实际的说者或作者生产出来的，是对语言规则的使用。由此可见，“语言是语言系统，是作为一种形式系统的语言，而言语是实际的说话、

---

① WHORF B L. Language, thought and reality: selected writings of Benjamin Lee Whorf[M]. Cambridge: The MIT Press, 2012: 233–245.

写作，是说话的行为，它由语言赋予其可能性”①。

虽然语言的一般结构、信码元素和规则是不变的，但是言说所代表的各种行为在互动过程中难以确定化和标准化。从这个角度来看，我们就容易理解为什么访问学者带着自己学龄前的孩子去美国访学，孩子比成人能更快地与人畅通无阻地交流，而回到国内之后，孩子还一直停留在英语表达的语序之中。一方面，成年人知道英语作为一个语言系统的各种规则和社会交往的各种禁忌，另一方面，正是由于文化背景的天然差异让成年人在“言语”方面的融入能力、实践勇气都大大弱于学龄前儿童，儿童的“言语”能力因为缺少相关束缚，更容易模仿周围人的表达，并在实践中学习使用语言的各种规则。

（三）语言作为介质阻隔意义

语言阻隔意义是显而易见的，任何一种语言系统都是由各式各样的表意、表形、表音的结构符号构成的，进入一门语言要从最基本的符号认知和发音开始。如果毫无基础或者已经掌握一种语言系统，重新学习一门新的语言对于一个成年人来说并不轻松。

以 communication② 一词在亚洲各国各民族语言中的可译性为例，除了从印地语中可以找到与之相同的词汇之外，在锡兰语、汉语、印尼语中只能找到大致与之相同的词汇，用孟加拉语、菲律宾语、日语翻译后的词汇与英文内涵不同。翻译只能使单一叙事以不同的功能在多种文化之间扩散，在扩散过程中，人们不得不忍受意义的丢失或误读。翻译学家一方面承认“语言交际现象”的存在，即语言交际产生于社会场合，如果将抽象的语言放到特定的社会语境中加以分析，就可以看到语言参与者和语言的关系、语言参与者之间的关系，以及把信息发送者和信息接收者串联起来的方式，由此可以理解语言间的意义交换，避免语言意义的丢失或误读。但这又可能使人们忽略另外一个语言交际现象，即意义表达依赖着对“差异”的感知，因为“差异”是意义的根本，没有它，意义就不存在；意义是在对话中通过参与者之间的“差异”显示出来的。人们对“差异”的感知又极具危险性，它可能形成各种消极的情感，导致社会文化分裂以及对“他者”产生敌意和侵犯。③

再说清楚点，语言差异被转变为语言间的差异化，就会成为理解意义的阻隔。

---

① 霍尔 . 表征：文化表象与意指实践 [M]. 徐亮，陆兴华，译 . 北京：商务印书馆，2003：34-35.

② 关世杰 . 跨文化交流学 [M]. 北京：北京大学出版社，1995：25.

③ 霍尔 . 表征：文化表象与意指实践 [M]. 徐亮，陆兴华，译 . 北京：商务印书馆，2003：54.

以百威啤酒在不同国家的万圣节广告为例，西方的万圣节对应东方的清明节，都是祭奠亡灵的节日。与东方寄托哀思不同的是，西方的万圣节是以欢快的形式纪念逝者，从广告表现的角度来看，它会以东方人看不懂的各种妖魔鬼怪狂欢的形式来欢度节日，如果没有翻译，东方人无法正确理解其中的含义和品牌要传递的信息。以 2020 年上映的迪士尼出品的《花木兰》真人版电影的韩文（如图 1–5）、日文（如图 1–6）、英文（如图 1–7）海报为例，不同的语言背后隐含着其文化语境中对他者的认知，我们可以揣摩海报上的符号元素，看看在翻译之前不了解文字含义时的看图会意与翻译之后对文字含义的理解是否一致。电影海报宣传最大的目的莫过于吸引本土观众，所以它一方面要极力呈现电影故事的精彩片段，另一方面还要能够精准传递电影故事的内容和意境与本土文化的契合之处。从韩文、日文的海报中我们可以看出，其最大程度保留了电影真人主角的形象，强化她女扮男装，在战场上立功的女性英雄形象。同时日文海报强化这一影片的出品方，突出它与《美女与野兽》同源同宗的特点，相当于借用出品方的口碑为新影片摇旗呐喊。英文海报是迪士尼众多定档海报中比较有代表性的，它通过色彩强调故事来自中国，通过英雄气概的话语强化花木兰征战沙场的勇气和决心。根据中国古代花木兰故事改编的电影，通过海报带给受众的第一认知是这是女性战争片，

图 1–5 《花木兰》真人版电影韩文宣传海报

图 1–6 《花木兰》真人版电影日文宣传海报

图 1-7　《花木兰》真人版电影英文宣传海报

而非一个女子“忠孝两全”的故事。海报忽略了花木兰作为女性的美和作为女儿的孝，只是强化其勇猛和战争主题。一方面这是好莱坞商业片的性质所决定的，另一方面也是他者对中国传统故事的误读。

（四）语言作为工具负载权力

任何一种语言在建构意义的同时也分配着社会权力。少数族群对主流社会的疏离感可能来自种族歧视，不管他们如何努力都不会融入社会。少数族群的看法受到有偏见的媒体报道的强烈影响，媒体在一定程度上造成了少数族群对于主流社会的敌对性。同一族群内部不同身份的人也存在类似偏见。在很长一段时间内，我们的媒体上充斥着“女博士”“女司机”等充满偏见的关键词，配合具体的负面事件报道，带给人的感受是“女博士嫁人难”“女司机技术差，带来交通事故”。在西方社会，当你用谷歌检索黑人字样时，弹出的会是和犯罪、疾病、贫穷等相关的新闻，当你检索白人字样时，弹出的会是有关公益活动、救死扶伤、社会正义的新闻，这是机器算法隐藏的社会性偏见。以新冠肺炎疫情为例，当全世界都在宣传戴口罩、保持社交距离、打疫苗的时候，印度还在举行各种大规模的集会和庆典，当医护人员进驻贫民窟救治的时候竟然被赶了出来。2011 年印度人口普查数据[①]显示，在印度，只有 25.9 万人将英语作为第一语言，有 8,300 万人将英语作为第二语言，有 4,500 万人将英语作为第三语言，整个国家能够用英语交流的人为 1.29 亿，不足总人口的 10%。当国际社会用英语报道疫情时，这个国家只有不足 10% 的人能听懂，考虑硬件设备电视、手机、电脑和互联网的介入程度，能够有效与国际社会保持信息同步的人少之又少。类似的情况还有南美洲的一些国家，比如巴西，在这个国家能够受教育学英语的人都是富裕阶层，至少父母是医生、律师、公务员、小企业经营者，他们才有足够的物质基础供孩子读大学。绝大多数巴西人使用的是葡萄牙语，这也是殖民历史的产物。

对人类来说，真正可怕的不是语言差异，而是某种语言凌驾于其他语言之上。语言霸权扼杀了人们乐于表达自己并希望被别人听见的话语权力，而且还会让语言权力关系的“绳索”困住语言交流，导致人们去关注他人的话语权力，不去熟悉他人的言语代码，听不到他人的声音，找不到群体间的共同话语。哪怕人们对字词的意义解读深入骨髓，权力负载也会使语言毫无反抗能力。规定语言承载的权力范畴，尊重每个人话语表达的权利，是我们寻找语言交流的最终出路。

西方国家虽然都讲英语，但是对同一件事物，不同的社会阶层所使用的词汇不同。精英家庭和普通平民家庭的孩子从小接受的语言训练完全不同，精英家庭孩子

---

① 廖波 . 印度的语言状况——基于 2011 年印度人口普查语言调查数据的分析 [J]. 解放军外国语学院学报，2020(11):100–105,140.

的词汇来自《经济学人》《纽约时报》等严肃媒体，他们讨论并关注社会以及科技前沿领域的问题，而普通家庭孩子的词汇可能来自电视动画节目或者网络娱乐节目。不同媒介平台有着精准的受众区隔，它们会使用相关社会阶层喜欢的话语体系聚焦其关注的热点话题，久而久之，便形成了对下一代人语言的权力输出和观点绑架，这一切都来自话语结构对社会运行系统的服从和对权力的负载。

四、传播对象文化互动的权力化

这里讨论的传播对象是指跨文化传播过程中的传播者和受传者，由于政治、经济、文化、社会发展程度不同，二者必然处于强势输出和被动接受的位置，而传播对象的文化互动又是跨文化传播的必然结果。这种传播对象带着双方原有的文化构型，经过一番较量后必然会带来同化与反同化、融合与冲突、谈判与协商，最终达成优势文化对劣势文化的侵占与浸染。

福柯认为，所有的知识都是权力。策略知识与权力知识不可分离，各种话语并不简单地反映“现实”中被命名的物品。它们在一种特殊语境中建构现实并使之符合各种特定的权力关系。以此类推，在我们讨论跨文化传播的过程中，文化间存在着权力支配关系。“人类学自身只有在一种特定的境遇中，一种纯粹独特的事件基础上才是可能的……事实上，人类学根植于实际上属于我们文化的历史的一种可能性中……它始终是受约束的，又始终是当下的，它在既面对自身，又面对各种其他文化的关系中，才能设定它各种合适的维度。”[①]

在参观各国的博物馆时，我们会发现，其中陈列的物品是经过挑选的，在同一时期只能有一种或几种人类学存在的历史痕迹，而这些痕迹带来的信息又是后来研究者挑选出来的。在挑选物品陈列展示的过程中，就存在着文化间的权力支配关系。以人种学家、英国陆军中将奥古斯都·皮特·里弗斯收藏的人种学制品为例，表面上这些制品按照严格的科学话语分别陈列，作为“迹象”和“证据”，它们是他者文化的复杂性的物质体现；实际上，这种人种学制品是按照一种分类方案系统地收集、选择和排列的，这一分类方案的功能是通过把不同文化安排在进化论梯度的不

---

① YOUNG R. The order of discourse[M]//FOUCALT M. Untying the text: a post-structuralist reader. New York: Routledge and Kegan Paul, 1982: 51-76.

同位置，来图解人类历史进程。[①] 这一点充分说明了掌握知识和话语的文化对他者文化的权力支配关系。

（一）文化的边界

对文化边界的理解取决于我们是静态地看待文化，还是动态地看待文化；是固化文化的边界以强化文化特性，还是还原文化边界的模糊性、交叉性与复杂性，在跨文化关系中发展文化。在大部分文化定义中，我们可以看见人们为文化划界的偏向，但跨文化传播研究发出的疑问是，如果文化仅仅是植入心灵的精神芯片，那么我们如何适应新环境并发展自己？如果文化是封闭的、静态的，那么彼此区隔心怀芥蒂的族群是如何开始全球化的？

在现实生活中，世界各地都有移民。第一代迁徙者在他者文化中定居，第二代移民能够更好地融入他者文化，但作为代价的是第二代移民更容易弱化、放弃、抛弃原有文化。第三代移民除了家庭对其原有文化有保留之外，几乎看不到移民前所属国对其文化的影响。很多生活在美国的第三代中国移民不会说中文，第二代不会读写中文，第一代人虽然融入了当地文化但并不轻松，对中国文化仍保持着根深蒂固的认知和理解，尤其是 30 岁以后出国定居的人群。当你较多使用一种语言时，必然会减少对另一种语言的使用频次。

文化的确是有边界的，并且主要由族群、语言、性别、地域、年龄、阶级、宗教所界定。人不由自主地认同某种文化边界以寻求“我是谁”的确定性表达，但自由本性使人对文化认同所带来的定型化、标签化备感压抑，试图通过跨文化交流实现自由交流，进入个人身份、群体身份和跨群体身份三位一体的交流空间。

（二）文化的驯服与适应

文化适应的过程表明，移民、旅居者或者商人成功融入一个新的文化环境后会建立一种“跨文化身份”（intercultural identity），用来标识个体超越自身原有文化、适应新文化的特征。人为什么会划定自己的文化边界又常常跨越自己的文化边界？根本原因在于，交往中的人要以文化方式存在，在文化差异中保持自己的存在感，即保持自己的语言、历史、习俗、仪式、价值记忆，同时也要保持自己的文化选择自由，即选择特定的文化认同或不认同的自由，认同多种文化的自由，

① COOMBES A E. Meseums and the formation of national and cultural identities[J]. Oxford art journal, 1988, 11(2): 57–68.

认同某些文化的某些部分而不认同另外部分的自由，从而表现自己的文化精神。用一句套话来讲：选择若不自由，则差异亦无意义。

斯图亚特·霍尔（Stuart Hall）指出：就数量和质量而言，在20世纪发达资本主义内部，媒介已经在文化圈中确立了决定性和根本性的领导权……它们逐渐将文化和意识形态范围殖民地化了。[①]即使在文化互动过程中语言不通，政治话语在当代媒介文化中也得到了前所未有的、仔细的、谨慎的与集体的建构。这种建构通过文化的商品化、商品的全球化、数字影像的普及化深入地球每个角落，使其在有话语权的消费者中得以强化。而文化融合一方面体现为不同文化个体对他者文化的学习和认知，另一方面体现为对自身所属文化独特性的反思与批判。如果说未经审视的人生不值得一过，那么未经他者凝视的文化也难以在多种文化融合过程中长久留存并发扬光大。从新马克思主义立场出发，大卫·哈维（David Harvey）将承载着新教伦理与资本主义精神的意识形态扩张转变描述为“弹性积累”（flexible accumulation）的新布局。[②]以“消费行为中地域流动性和快速变化的劳动过程及市场为特征”，在这种布局中，分析即时数据的能力成了高价值商品。科学知识的价值上升了，对大众文化传播工具和信息流的控制成了竞争中的致命武器。[③]同时，制造利润的技术和广告使人们摆脱了原有所属文化的束缚，在技术飞速发展的屏幕端，快捷便利的消费闭环呈现，激发着人们对物欲的渴求。基于此，传统文化中的“勤俭节约”不再是一种美德，取而代之的是“消费、消费、再消费”。如果你的口袋里还残留着最后一块钱，商家会感到痛心。如果你口袋里一分钱也没有了，商家会推出各种信用贷款刺激消费，传统的信用卡办理需要经过冗长的审核程序，而合法合规的网络大平台信贷只需要你点击按钮，不到一分钟便可以拥有一笔预支的消费款。在技术和金融市场高度发达的环境下，“95后”这些从小便接触网络的Z世代成为消费的主力军，他们对于“在最美好的年纪拥有最美好的商品”深信不疑。从传统文化过渡到现代消费文化，背后是全球化经济的刺激和技术发展的加持。

在传统亚洲社会，“女子无才便是德”的观念颇为盛行。在亚洲国家普遍处于传统农耕社会时，生产力水平限制了生产关系，女子要在家相夫教子才能促成家庭和社会收益的最大化。在机器化生产条件下，纺织女工和童工有大量需求，随着技术进步，护士、秘书岗位可吸纳大量女性，使女子逐步以合法的受尊重的姿态步入

---

① HALL S. Culture ,the media, and the ideological effect: mass communication and society[M]. London:Arnold,1977:340–341.

② HARVERY D. The condition of post modernity[M]. Oxford: Basil Blackwell,1989: 123.

③ HARVERY D. The condition of post modernity[M]. Oxford: Basil Blackwell,1989:160.

社会。两次世界大战之后，从阴霾中走出的人们齐心协力、共同劳动，科技发展客观上为妇女从事知识类劳动提供了平台。社会发展至今，在发达国家和发展中国家，受过高等教育的女性在科学、教育、文化、金融等领域发挥了越来越大的作用。从经济独立到人格独立，二者相辅相成，经济独立是人格独立的基础，而人格独立又促进了女性对经济独立的渴望。

（三）文化的构连与互动

麦克尼尔父子在论及“相互交往的网络塑造了人类历史”时指出，[①] 考古研究者认为，人类交往的第一个松散的世界性网络距今 12,000 年左右。农业文明又催生出各种紧密的地域性交往网络，都市网络则进一步加深了这种紧密交往。500 多年前西班牙人、葡萄牙人和英国人打通海路成为世界性交往网络形成的标志。160 多年前电报技术进一步使得人类交往进入全球化时代。这种网络化的历史总是为权力支配关系所困扰：“地方”仰赖于语言、文字、符号、信息交流等活动得以形成，地方与地方通过交往发生联系，某些地方的力量扩张至全世界，地方共同体以迎合或抵抗的方式书写自己的历史。交往网络让我们一直生活在一个合作与竞争的旋涡中。交往使人凝聚、合作，使彼此的技能专业化，实现劳动分工细化，加剧社会分层与非公平化。网络也带有敌意竞争和对抗纷争的“副作用”，信息分享有时候是依靠威胁和掠夺完成的。因此，在不同层级的大小网络之间便存在着不可调和的矛盾。

为了克服文化间的权力支配关系，人类建立了各种接触区（contact zones），即地理和历史都分隔的人们彼此只接触对方的一个空间。处于这个接触区的人最重要的特征就是在一段时间内进入文化意义上的“迁徙”。以历史上作为“接触区”的敦煌为例，它包含以下三种文化：一是以儒、道和汉化佛教为主的汉文化；二是混居在敦煌和西域地区的汉族、吐蕃、回鹘、粟特、于阗与当地民族融合形成的文化；三是印度、中亚、西亚来的移民与当地民族汇聚而成的“嫁接”文化。斯图尔特·霍尔提出“构连”的想象。[②]“构连”（articulation）就是指人“可以”在一定条件下将两个不同元素连接成一个统合体的形式，这种连接的扣环并不是永远必然的、被决定的、绝对的、本质的；一个话语的“统合体”实际上是由不同的、相异的元素

---

① 麦克尼尔 J R，麦克尼尔 W H. 人类之网：鸟瞰世界历史 [M]. 王晋新，宋保军，译 . 北京：北京大学出版社，2011：18.

② HALL S, HOBSON D, LOWE A, et al. Culture, media, language[M].London: Hutchinson,1980: 128–140.

构连在一起的，这些元素可以通过不同方式重新构连，因为这些元素并无绝对的归属。我们的文化身份不是先在的给予，而是在文化竞争中被构连的；构连有可能使主流文化成为共同分享的意义，但是主流文化不能预订构连的效果，因为人们随时可以解除与之相连的“环扣”①。

文化间的竞争性和互惠性紧密相连，表现在文化与传播的同构关系之中。互动是文化领域的核心，是万物的根源；联合是集体化的互动形式，时间和空间是发生互动的范围，其余则是专门的互动形式。②在这里，文化不是关于普遍人性的某种宏大的、一贯的叙述，而是多样性的生活方式，每一种文化都有自己独特的发展规律。这种独特的发展规律不是通过某种先验的本质去理解的，而是通过互动去感知的。文化就是按照某种方式互动的呈现，而传播是创造、修改和转变文化的过程。

（四）文化的融合与对话

融合并不是一种价值观完全取代另一种，也不是把两种文化并置调和，它伴随着对两种文化的批评：融合并不是单向适应而是一种相互改变的过程，在这个适应过程中，跨文化交流不可避免地会遭遇价值观念的失范。不可预测的失范现象会表现为跨文化交流者的自我异化（alienation），使他们体验到一种疏离感。处于交往关系中的人往往具有跨文化人格，他不会以文化中心主义者的口吻说自己的文化是最好的，或以文化相对主义者的口吻说每种文化都一样棒。文化融合可以是个人采用了双文化的视角，以多种文化框架为参照。文化间的互惠性有可能会创造性地生成新的文化形式。一个人并不能逃避交流，他只能通过交流解决生活中出现的问题，只有在与他人的互动中才能把陌生的变为熟悉的，进而把自己从异化中解放出来。每个个体在观察自己时都会存在一个盲区，就如同我们不可能看见自己的脸和后背一样，所谓独特的个体视野即为每个个体都拥有的“视野剩余”③，但是这个盲区可以被他者看见，“视野剩余”可以在社会互动中得到补充。个体只有把自己融入一个主体间共同承担的生活世界，才能摆脱自我异化，于是，人不得不选择跨文化对话。

跨文化对话是一种抵抗文化间权力支配关系的实践，其前提是破除民族中心主义以及区隔化的多元文化主义。跨文化对话还会面临一种新的冲突，即混杂性力

---

① HALL S. Cultural studies: two paradigms[J]. Media, culture & society, 1980, 2(1): 57–72.

② CLARKE J. Stuart Hall and the theory and practice of articulation[J]. Discourse: studies in the cultural politics of education, 2015, 36(2): 275–286.

③ 马琳 . 论巴赫金对话理论的双主体性 [J]. 济南大学学报 (社会科学版),2004(1):28–32，转引自巴赫金．陀思妥耶夫斯基诗学问题 [M]. 白春仁，顾亚玲，译 . 上海：上海三联书店 , 1988.

量和同质性力量的持续冲突。“混杂性”指向一种既非内在文化又非外在文化的情境，是一种处在边界线上的第三空间，其间遵守不同道德伦理规范的人们可以积极建构他们的共同基础，批判现存规范，形成新规范，即创造出协同的“第三文化”（third cultures）。全球性的互联网络似乎放大了同质性力量，发达资本主义国家在享有了全球化的先机优势后开始推动逆全球化，阻碍发展中国家的前进步伐，它们警惕着“如果发展中国家的人们都过上了与发达资本主义国家国民一样的生活，那么地球资源将无法负担整个人类”①。这一切问题都亟待我们寻找 5G 时代跨文化传播的接入口，进一步探索包括场景传播、关系传播、情感传播、健康传播、科技传播等领域的新问题和解决方案。

① 叶青，薛牧青 . 奥巴马言论在华人世界掀轩然大波 [EB /OL].(2010–05–15)[2023–07–17].http://qnck.cyol.com/content/2010–05/15/content_3232167.htm.

第二章 跨文化传播的文本阐释

- 文本阐释的基础：歪曲与矫正
- 文化的同质化
- 文化的时尚化
- 文化的差异化

文化是一种环境或情境。社会学家彼得·伯格（Peter Berger）和托马斯·鲁克·曼（Thomas Luck Mann）从环境和建构主义的角度定义“文化”。[①]他们将文化区分为客观文化和主观文化，其中客观文化是指文化的制度方面，比如政治制度、经济制度、社会制度、法律制度等。主观文化则是社会制度所形成的社会现实经验，即社会人的世界观。前者经过社会化而被内化，后者通过角色行为而被外化。因此，在一个循环往复的自我参照过程里，文化制度被实践那些制度与习俗的人不断再造。[②]而文本在文化演变过程中就是记录这一环境或情境的工具载体。文本是由语言符号组成的有限的有结构的整体。叙事文本就是由代理人讲述故事的文本。如果说故事是以某种方式加以表达的寓言，那么，寓言就是由行动者经历的一系列有逻辑关系和时间关系的事件。而事件，是从一种状态向另一种状态的转变。行动者是实施行动的代理人。它不一定是人类，也有可能是一种催化剂。这里行动的定义是导致或经历事件。

文化的传承离不开文本，这些文本在人类起源早期可以是洞穴壁画，可以是祭祀物品上的标记，还可以是大众传播时期的报纸、广告、电视节目口播稿以及互联网时代网络上的随机表述。“跨文化”一词是指一种特定的互动或交流，参与互动或交流的人来自两种或两种以上不同的文化环境，且具备特殊的技能，如掌握两种

① BERGER P, LUCKMANN T.The social construction of reality:a treatise in the sociology of knowledge[M].Garden City:Anchor,1967.

② 贝内特．跨文化交流的建构与实践[M]．关世杰，何惺，译．北京：北京大学出版社，2012：6.

以上的语言符号系统，能结合实用语境对文本进行阐释等。

一、文本阐释的前提：歪曲与矫正

跨文化传播最大的障碍是语言的障碍，因为当一个人不懂得另外一个人的语言时，二者的交流只能借助于翻译词典、翻译软件或者人工翻译。这就意味着意义的流失。翻译有具体的规则和词库，但是人的生活是不断变化的。比如说你对一个学习中文的外国人说："这件事情我都跟你说了两百遍了，你怎么还是记不住。"此时，外国人无论去查找哪一本翻译词典都无法找到正确的解释，因为每个词都很容易理解，但它们组合成这句话表达的是一种情绪，而非具体的意思。当你问外国人："这件事情他到底跟你说了多少遍？是一遍、两遍还是两百遍或者更多呢？"外国人一定会感到百思不得其解。

（一）文本翻译"歪曲"的必然性

为什么说在跨文化传播过程中，歪曲具有必然性呢？首先我们要清楚何为文化。文化最初是处于类似地理空间、自然条件、居住环境中的一群人共享的生活方式和价值体系。地理空间上的接近带来了自然条件的近似，从饮食到劳作，从生存到交换都具有相似的自然环境和社会环境。随着时间推移和技术发展，一个群体可能在地理空间上彼此隔离，但是伴随着不断迁徙变化，他们还保留了原有的生活方式和价值体系。比如海外的华人华侨，他们依然会在传统的中国节日里祭祖、团圆、用红色装点喜庆，用黑色寄托哀思，用筷子吃饭，用中国画装饰居住环境。由此可见，文化是在长期生活过程中，在语言、宗教、社会规约和族群认同之中建构起来的。

当一个来自英语国家的人对一对中国情侣中的男性说：Your girl friend is so hot! 情侣中的男性在借助字典进行翻译的时候可能会疑惑，"我女朋友一点儿也不热"。但是当他找到正确的解释时多半会感到尴尬，因为在中国文化里我们很少会当面赞美一个人的妻子或女朋友性感。对女性而言，这是自己不守妇道、穿着暴露的表现，对男性而言这是自己的女友被人亵渎而有损男性尊严的行为。随着社会的发展和对外交往的增多，我们逐渐理解了这些文化差异。

在不同的文化语境中，人们对同样的文本有不一样的解释。比如说中国人彼此客套地夸奖对方的孩子优秀，学习成绩好，外语表达流利。我们习惯于回答：哪里哪里，都是运气好而已，一般一般。如果一个长期在美国读书的小孩子被当面夸奖之后理直气壮地回答:“是的,我的英语是挺好的!是的,我的运动细胞是比较好!”那么我们会受到极大冲击,心想这个小孩子真是不会讲话,情商太低了。事后孩子也会困惑,为什么我大方承认自己的优点之后大家的反应很奇怪呢?孩子的家长就会解释:谦虚是一种美德,尤其在中华传统文化之中,别人夸奖自己的时候如果大方承认,那么在中国文化语境之中会被认为“自夸”“自满”甚至“自不量力”。

(二)文化载体全球化的可能性

伴随着经济的全球化,人类世界是否会迎来文化的全球化呢?这个问题令很多人担忧。从本质上来讲,只要人们还保留自己的语言和饮食习惯,就不会被其他文化所同化。但是哲学层面的思考在于:一旦人们的消费品同质化,人们获取的认知信息垄断化,不同文化之间的差异便会从根本上消失。他者的消失会带来差异的消失,而一个族群和另一个族群毫无差异的时候,其根本性质便毫无差别。一些国家在推行自身政治霸权和意识形态的时候,是否会完全消灭另外一种文化呢?这是值得学者关注、思考的问题。

同时,跨文化传播的可能性建立在什么基础上?跨文化传播首先应该属于解释学的研究对象。研究“使理解成为可能的条件”,一切对文化的理解都是有条件的,这些条件让文本的意义得以被理解。在英文中,Text 指不局限于语言文字的文本,一个动作、一个装置、一个物件也属于文本的范畴。文本的意义是它本身所固有的吗?显然不是。文本的解读需要结合上下文语境,需要结合周围的时代背景、文化情境和交流氛围。Context 即文本的意义、上下文、语境。“文本中心主义”的文艺批评者早就指出,一个文本的意义只有在语境中才能存在。当一个文本从一种文化传播到另一种文化,传者和受者来自不同文化时,第三种文化有助于我们理解他者文化的语境和含义。比如在近代史上我们对于西方科学的了解借助于日本。理解不是一种被动的行为,而是一种生产意义的行为。对文本意义的生产是在语境之中进行的。它不是被动接受,而是主动生产,是用自己的语言将文本意义带入自己的民族文化语境。

(三)语言在翻译过程中的意义流失

语言是一个民族的生存语境。语言可以用来保存信息、传情达意。海德格尔在《关于人道主义的书信》中指出:“人以语言之家为家。思维本身的要素,是感性的自然界的沉淀与保存。”人难以超越语言的维度进行意思表示,同时语言也限制人的认知。语言是对被传达者的文本意义之生产。这里有两种解读，第一种是演示（performance），如李子柒对中国乡村田园生活的演示，贝多芬交响乐传递悲愤情绪，绘画作品和建筑作品等也具有类似的演示功能，这些文本不需要语言的翻译，就能实现从一个文化区到另一个文化区的意义转移。第二种是翻译，即将一种符号转换为另一种符号。如《红楼梦》、佛经等著作的英文翻译。翻译建立在理解之上。理解行为本身是一种生产行为，由受者的语言本身赖以生存的语境所决定。因此翻译必然带来某种程度上的“歪曲”，甚至是必要的、不可避免的歪曲。在哲学经典、文化经典、史学经典翻译中，李白的诗歌翻译成英语如何？意境是否能够同步转移？“西风残照，汉家陵阙”翻译成英文，意境如何呈现？众所周知，翻译的三个境界其难度依次递增：信（准确）、雅（文采）、达（意境）。而中国古代诗词最看重的莫过于意境，这也是对翻译的最高要求。

“积极的歪曲”一个民族的思想和情感可以对另一个民族有所启发，是对被翻译文本积极价值的吸取，“消极的歪曲”则是简单地翻译，消除差异或彻底同化。以佛经的翻译为例，唐朝时佛经被翻译为汉语，是佛经中国化的第一步。佛学思想传入中国，对老百姓的生活产生了重大影响。宋明时期，儒家思想吸收道家、佛家思想，产生了新儒家思想，创造出跨文化传播的千古盛事。

（四）矫正文本歪曲的可能性

不同生存语境之间的“同”和“异”需要仔细辨认。斯图尔特·霍尔在《表征：文化表象与意指实践》中指出，经由语言意义表征的文化有三种，分别是反映论的、意指性的和结构性的。[①] 在这三种类型的语言表征之中，“反映论”中的语言表征出现歪曲后很容易纠偏，因为具有同一指向的具体的“物”存在，可以通过明确第三方媒介物消除。但是对于意指性和结构性的语言表征，矫正在跨文化传播中产生的偏差就异常困难。比如爱情本身的价值是跨文化的，没有文化差异的，但具体的实践方式是具有文化属性的。一次周恩来总理接待外宾时，共同欣赏小提琴协奏曲《梁祝》。对于中国人家喻户晓的爱情故事《梁山伯与祝英台》，如何向外宾翻译是个难题，而周恩来总理只是轻松回答这首歌在讲述“中国的罗密欧与朱丽叶”的故事，就轻松化解了这一难题。这是一种建立在理解双方文化基础上的跨文化解读和传播，前提是充分掌握不同文化的故事意指性。每一个个体都使用语言来传递、

---

① 霍尔．表征：文化表象与意指实践 [M]. 徐亮，陆兴华，译．北京：商务印书馆，2003：4.

交流自己对世界的看法，但是在人类社会之中，在群体内部，个体无法充分按照个人的意指定义每一件事物，无法完全用私人语言表现自己。至少，个体需要在本族群内部遵从共享语言惯例并学习使用共享信码。在此基础上我们就可以理解，相对于意指性语言，结构性语言更容易进行跨文化传播，因为结构性语言具有明确的语法规则和参照系统，相较于个体的意指性，结构性语言更具有群体普遍性。在不同的文化系统中，传递意义的并不是物质世界，而是用来表征各种概念的语言系统或者其他系统。

面对全球化的发展趋势，落后文化与先进文化之间的差别如何定义，由谁来定义？是将地球看作一个地球村来考察人类生态系统吗？是由掌握媒介话语权和技术优先权的发达国家来定义吗？文化的同质化与文化的时尚化是一种异化现象，它消除了文化的差别性和独特性，让弱势文化因经济、人口、政治等因素彻底从地球上消失。发挥语言与非语言在跨文化传播中的作用需要找到彼此语境的重合部分，即意义的共享空间。

二、文化的同质化：广告作为文本的同质化

文化的同质化首先体现在人们接触的日常文本的趋同化。虽然说语言符号系统的统一有利于跨文化传播和经济全球化效率的提高，但是日趋相同的生活焦点让人类以特定的文化范本为中心，以特定的文本范式为模板，以特定的商品消费为目标。这一切从广告中便可一览无余。德国韩裔哲学家韩炳哲指出，同质化席卷当今各个生活领域。[①] 人们踏遍万水千山，却未总结出任何经验；人们纵览万物风景，却未形成任何洞见；人们渴望冒险，渴望兴奋，而在这冒险与兴奋中，自己却一成不变；人们积累着朋友与粉丝（follower），却连一个他者都未曾遭遇。社交媒体呈现的恰恰是最低级别的社交。文化的同质化与通信技术的发展和数字产品内容的普及密不可分，数字广告就是其中之一。不管你身处地球的哪个角落，只要有一部手机可以连接网络，你就可以获得全球统一的信息，如商业报道、品牌广告等。以前人们必须通过旅行才能看世界，而今人们可以通过视频直播的方式去观看他人如何看世界，通过他者的视角看世界，这与个体身体力行通过脚步去丈量世界有着千差万别。但是人们可以将一切身边的实在物网络化、数字化、电子化，在网络空间中进行同质

① 韩炳哲．他者的消失 [M]. 吴琼，译．北京：中信出版社，2021：4.

化传播。广告作为一种文化的数字文本呈现，传统广告与智能广告之间有哪些差别？对于跨文化传播，这种数字文本是进一步加深了误解，还是弥合了不同文化之间的认知差距？

在全世界数字广告向欧美市场看齐的过程中，日本广告和泰国广告独树一帜，其鲜明的民族文化特色和与众不同的创意风格为世人所瞩目，但他们也只被内文化群体所接受。越来越多的消费者利用互联网，努力搜寻明星、富人们的衣着打扮和日常生活信息，效仿他们的穿搭，关注他们的话题，这种同质化的信息获取带来了同质化的文本分析。在此，我们先来追溯社会化认同与文化同质化的关系。

（一）社会化认同使广告接受心理同质化

文化的同质化必须具有一个大前提，就是所有群体接触的信息指向“文化品位”的评价趋同。许纪霖在《脉动中国》[①] 中提出：古代中国社会是一个“流动的等级社会”。既不是以个人为本位，也不是以家庭为本位，而是以伦理为本位。熟人社会讲究人情，陌生人社会讲究信用。中国社会面临着从人情到信用、从关系到契约的历史转型。梁漱溟先生将中国社会的特征概括为职业分途、伦理本位。史学家钱穆先生的看法是，中国没有阶级，只有流品。“阶级”是一个政治经济学概念，而“流品”是一个文化概念。中国的各个社会阶层都有自己独特的文化品位，这就叫“流品”。古代中国是按照文化品位来实现社会分层的。文人士大夫身穿长衫、举止文雅，整天之乎者也，与赤脚在田里干农活的农民在文化气质上格格不入。鲁迅说《红楼梦》里的焦大绝不会爱上林妹妹，中国人的男婚女嫁讲究门当户对，最重要的不是看对方与自己是否为同一个阶级，而是能否趣味相投，有共同的文化品位。小说和诗词歌赋从社会信息传承的角度来看，是一种关于生活方式的“广告”，它向世人展示了在某一时代社会的上流阶层、知识精英、文化精英、政治精英和经济精英的生活图景，让普通的读书人产生“认知崇拜”和“目标渴望”，放在消费社会就是激发公众对产品和服务的向往，使他们进一步产生认同并采取行动。

随着流行文化兴起，机械复制技术、数字媒体日新月异，人们所能接触到的文化是统一复制数字化生产光线技术传播的 0 和 1 代码的演绎。了解到世界各地最流

---

① 许纪霖 . 脉动中国 [M]. 上海：上海三联书店，2021.

行的文化产品后，商家开始模仿其名品及其周边产品，人们仿佛认为只要能够消费其模仿品或周边产品就能够具有同样的文化品位。如去名胜古迹，很多人与名胜古迹合影，甚至在古迹上篆刻“到此一游”的字样，试图证明自己曾经来这里接受过文化景观的熏陶。

西方马克思主义法兰克福学派的马尔库塞提出“机械复制”的概念，是指机械时代文化被推向大众，大众文化成为一种娱乐和获利的方式。但此前的精英文化是一种具有严格社会区隔功能的标尺。过渡到数字媒体时期，我们将自己安置在一个舒适区中，陌生带来的否定性被彻底清除。一般情况下，在朋友圈互动的朋友都会倾向于认同彼此的观点，如果有人每天在你发布的朋友圈动态下面留言提出反对意见，恐怕很多人要屏蔽甚至删除他。久而久之，我们通过筛选只留下和自己见解一致的人（哪怕只是伪装的）。这里的标志就是点赞。数字屏幕愈发将陌生与否定隔绝在外。传播学将此称为“信息茧房”，是指新闻媒介或平台机构从数字新闻推送的视角去分析公众订阅新闻的偏好，并根据个体的喜好向个体推送信息，从而使我们讨论的同质化、去他者化更多发生在自身社交范围内，以致最后很难听到不同的意见和声音。

（二）平台化社会使广告传播对象同质化

平台化是由约瑟·范·迪克（Jose van Dijck）提出的，指“社会、经济和个人之间的沟通在很大程度上依靠线上的平台生态”[①]。这里的平台化不仅指“物质性的技术实践”，还包括“与之相关的制度安排、知识形式、意义生产、利益竞争以及价值缔造”等。以大型互联网平台如谷歌、亚马逊、阿里巴巴、腾讯、百度、字节跳动等为主导的新型数字基础设施，以及以互联网公司、政府机构、技术组织、新闻媒体、数字营销机构等为代表的多元主体，共同组成了这个技术、资本、政治多元话语博弈的信息生态空间，为全球化的信息交往、跨文化传播与身份认同的文化想象提供了全新的语境。

与此同时，这种平台化社会供给和数字基础设施的全民普及，为多元主体的自主、自发、自愿传播提供了可能。一方面，这是一种社会赋权的言说机会，另一方面，这也是个体参与全球信息生态建构的言说能力展示。赋权是指个体通过对话、传播而获得的自我效能感或彼此认同感。平台为多元主体的言说提供了技术性支持。由

① JOSE V D.The platform society: public values in a connective world[M].New York:Oxford University Press,2018:226.

于语言种类的限制，技术平台为每个个体提供了翻译工具，但其语料库必然不能穷尽一个国家、一个民族、一种语言发展演化中的所有词汇、表达习惯等，技术呈现的翻译必然带来误解和歧义。在一次次的翻译偏差之中，跨文化传播的文本呈现出技术参与的痕迹。平台化社会的技术支撑为跨文化传播走向普遍交往的社会化语境，构造出基于社会融入的全民参与的新特征。

以 YouTube 为例，虽然企业投放广告是面向平台的程序化购买，平台会根据每一个用户的数据特征随机投放其可能感兴趣的广告，有英文、中文或者其他语种的，但这种广告和语种的切换不是由真实的消费者喜好所决定的，也不是由赞助商企业自主选择的，而是由平台根据大数据的指令随机投放的。这种多元语言主体的受众参与往往带来广告的无效和价值观的偏差，这是由于平台需要遵守数据层面基础设施的传输规制，同时不同的企业架构服务平台带有不同的体制特色，另外，还要尊重背后传播变现的价值逻辑，如对接国际贸易、跨文化传播、新闻媒体行业的应用服务。任何符合底线逻辑的个体都可以入场，只要他拥有一台电脑、一根网线和虚拟平台，包括 VPN 或者开放的网络，对于传播个体的素质要求是具有基本的判断能力和识别能力。

在国际传播平台上，不同的价值观和文本内容会给缺乏自主价值观的人带来极大的混乱，信息质量良莠不齐，不同价值倾向的审查也会有不同的评判标准，给在一元价值结构中长期生活的人带来极大的困扰。平台通过广告盈利生存，因此在平台数据分析的世界里，每一个登录平台的用户都是仅有数据指标差别的广告消费者。

（三）标准化技术使广告文本投放同质化

在传播内容由少数专业组织垄断时，普通人缺少参与传播的硬件设备和网络技术条件，伴随着智能手机的普及和网络技术的准入门槛降低，平台化社会继续通过流量参与其中，人们进行内容生产、实现商业变现的需求更加迫切。抖音、快手和 TikTok 等平台开启了全民参与式的“看”与“被看”。以前我们不知道自己的生活与他人生活的差距，只是通过广告信息了解哪些消费品更好，通过娱乐明星了解富人奢侈的生活方式，但是在平台化社会中，每个人都开始录制自己的生活，开始拿他人的日常与自己的日常进行比较。我们看到了巨大的差异，这种差异由衣食住行所建构。

2021 年 6 月，TikTok 全球月活跃用户达 8 亿之多，有研究通过观测一个月内

TikTok 用户的行为，发现 68% 的用户观看了别人的视频，而 55% 的人上传了自己的视频。[①] 德国学者格奥尔格·齐美尔（Georg Simmel）认为，[②] 正是人与人之间的互动交往才构成了现实的社会。民间创作者通过打造个人品牌、建立社交化信息集群，构建深层次的"社交圈层"和"准入区隔"，而社交圈层的传播具有"内容介入相对简单，关心议题集中，价值观彼此认同，情绪感染加快"等特点，信息茧房不仅使彼此进行模仿而且强化了彼此的价值认同。一方面，这种社交圈层的建构有利于打破国家与民族之间的刻板印象和文化区隔，另一方面也会进一步强化以经济基础和受教育水平为依托的"个体圈层联结"与"共识认同交往"。公共知识分子可以通过其智力资本置换注意力和舆论影响力，进一步站在同类的利益版图上对公众进行言说、发挥影响效能。而普通民众对于精英话语和新闻机构越来越不信任，平台用户对权威媒体机构发布的文本内容的辨识度和信任度日益走低，从平民阶层走出的关键意见领袖受到青睐，不管是专业领域还是消费领域，人们越来越看中具有基层实践经验的对象发表的意见和看法。但是当社会公众认识到自己与关键意见领袖的差距时，便会产生"上当受骗"的感觉，会明显与其拉开距离，从心理上将对方推向更高的社会阶层。

（四）数字化治理使广告评估规则同质化

技术政治是指新技术在塑造新权力的同时也在颠覆原有权力的平衡博弈。它包含政治和技术两个层面，一方面是通过主要大国之间的斗争，另一方面则是治理与技术应用之间的冲突。2020 年 8 月，特朗普政府曾以国家数据安全为由质疑 TikTok，要求拥有 1 亿多美国本土用户的 TikTok 出售或剥离在美业务。一家视频分享平台为何会引起美国权力高层的关注呢？这是根据全球数字平台的地缘政治博弈做出的研判。范·迪克认为，目前全球政治博弈主要表现为世界上两大平台系统，即以美国商业模式主导的"五大互联网巨头"（脸谱网、苹果、亚马逊、微软、谷歌）和中国国家模式主导的"五大互联网公司"（百度、阿里巴巴、腾讯、京东、网易）在全球化过程中存在的潜在矛盾。不同的国家制度拥有不同的价值导向和文化文本建构，美国政府和企业凭借其自 1993 年开放的局域网带来的技术优势，牢牢占据了

① MOHSIN M.10 TikTok statistics that you need to know in 2022 [EB/OL].(2022-07-10)[2022-12-22]. https:// www.oberlo.com/blog/tiktok-statistics.

② 史剑辉，靖鸣，朱燕．社交媒体互动圈层传播模式：驱动力及社会价值——基于社会热点事件的分析 [J]. 新闻爱好者，2019, 498(6):13-16，转引自周建国．人际交往、社会冲突、理性与社会发展——齐美尔社会发展理论述评 [J]. 社会，2003(4):8-11.

全球数字平台的主导地位，获得了面向其他国家进行技术统摄的优势。有研究分析了美国、俄罗斯、乌克兰等数十个国家的社交媒体平台中的政治信息，指出其后台数据和智能推送充满了操纵行为。以2010年发生在北非突尼斯的“茉莉花革命”为例，这场颠覆政权的具有鲜明阿拉伯文化特色的人民起义具有鲜明的互联网平台色彩，互联网平台推特在其中发挥了巨大作用，这场人民起义又被称为“推特革命”。中东问题研究专家马克·林奇认为，中东地区主流阿拉伯电视台虽然能够滚动播出人民自发抗议游行的一系列活动，但是人们普遍认为自媒体平台的事件内容传播更具有说服力和互动性，新旧媒体交替带来的文本重构和信任重建给原有社会秩序带来了极大的冲击和解构力量。

中国的科技发展和经济提升让美国感受到全球霸主地位受到挑战，拜登政府进一步制定了以“数字现实政治”为基础的国家战略，在技术多边主义的框架下布局构建技术联盟，对中国科技发展和应用进行舆论攻击。中国站在国家行为主体的层面面对美国主导的全球技术政治新格局，需要从被动呈现者转变为主动参与者，需要从被报道者转变为国际官方话语的主动发声者，需要从跨文化传播的他者塑造对象转变为多元主体和维度的形象缔造者。这一方面需要持续打造具有全球竞争力和全球公共服务性的数字平台，比如搜索引擎平台百度出海南美市场，视频分享平台和互联网电商平台引领海外市场，进一步实现分区域、分主体支持平台企业通过市场化机制出海，对抗数据霸权；另一方面需要通过倡导全球互联互通的网络观念，协同国家政府、国际组织、平台企业以及个体行动参与者，把握“共享发展”理念，坚持以多边利益导向为基础的数字技术治理，推动全球平台传播规范的对接和跨境数据流动规制的建立。

在全球技术政治的传播语境下，文化的同质化不仅表现为文本呈现的标准化和趋同化，更表现为在数据霸权主义操纵之下的个体生活范式的标准化。人生赢家和幸福生活的固定消费模板，使教育培养目标从多元的因材施教转化成以欧美名校为标准的一元价值目标，使价值认知和幸福理念认同从多种生活范式转换成以欧美资本主义国家中产阶级生活方式为标准的统一范式。在这样一元语境之下，人生的每一个阶段都被规定做具体且等级分明的事情，认同范式单一，价值理念被统辖在数字霸权的操控之下。

广告作为跨文化传播的文本，更能体现出这种技术政治对全世界的渗透。比如美国环球影城和迪士尼乐园在世界各地遍地开花，所呈现的价值理念和IP被世界各地的青少年所接受。在智能数据被应用到每一个实物连接点的当今社会，每一次消费、每一个凝视、每一次驻足观看、每一次手机操作，都会被平台通过技术手段记录在案。国家在面对他者技术霸权的同时，需要重构自身文化在数字世界的呈现和兴趣引导，一方面有效吸引受众，另一方面从技术层面引领价值传承。

三、文化的时尚化：广告作为载体的娱乐化

广告是一种时尚文本的跨文化传播。文化作为社会阶层区隔的重要维度，从西方到东方都有所体现，历史上我们普遍被这种充满活力的时尚生活因素所包围。时尚是对既定模式的模仿，它提供一种把个人行为变成样板的普遍性规则，但同时它又满足了对差异性、变化、个性化的要求。一方面，时尚元素的频繁变动，为不同时间段的时尚赋予了个性化标记；另一方面，时尚凭借其等级性，把社会的较高阶层和较低阶层区分开来，而当较低阶层开始模仿较高阶层的时尚时，较高阶层就会抛弃这种时尚，重新制造另外新的时尚。

（一）时尚从哪里来

童话是时尚的来源之一。童话是在床头讲述的关于集体意识的故事。童话存留在文化记忆之中，因为它们能够解释我们所共有的人类状况危机。童话是大家共同分享的一种对于愿望的满足，是解决冲突和赋予经验以意义的抽象的梦。[①]

神话学家们梳理了童话的谱系，将大多数童话追溯到原始的仪式。在某种程度上，大多数童话都是庆贺旧自我即将在一个更高的生存层面的重生，喻指旧自我的死亡。童话就像小船，将我们渡到一个神圣与世俗相聚的永恒世界；一个善与恶发生冲突，但真、善、美注定要胜利的世界。[②]因此，童话首先是对人类个性的隐喻，是对个人为挣脱恐惧而做的挣扎的隐喻。

神话与童话在演讲、诗歌、音乐、舞蹈、绘画、雕塑、戏剧、小说、电影等艺术形中广泛存在，这说明它们反映了人类的集体意识。

（二）时尚有何价值

许多世纪以来，通过不断重述，童话变得日益精致，开始传达明显的和隐藏的含义。童话同时对各种层次的人说话，而不仅仅是将信息传达给未受过教育的孩子。

---

① 王杰文 . 动画电影与精神治疗——《狮子王》的精神分析学研究 [J]. 当代电影 ,2011, 182(5):65-69.

② 伯格 . 通俗文化、媒介和日常生活中的叙事 [M]. 姚媛，译 . 南京：南京大学出版社，2006：72.

通过探讨普遍的人类问题，尤其是萦绕在儿童头脑中的问题，童话刺激儿童正在萌芽的说话能力发展，同时帮助他释放潜意识和无意识中的压力。[①] 随着情节的展开，故事赋予本我压力以可见的形式，使意识相信它们的存在，并且通过满足愿望的方式来纾解这些压力。

贝特尔海姆认为，童话帮助儿童的方式是让他们能够使自己的无意识适应有意识的幻想，向他们提出组织幻想的方式以帮助他们使自己的生活朝更好的方向发展。儿童通常无法清楚地说出自己所面对的问题和压力，但是他们非常紧张地经受着这些问题和压力，如应付同龄的兄弟姐妹之间的竞争，获取家庭内部和学校等社会组织中的资源等。

在童话里，潜意识中的压力可以用故事中的人物和事件来加以表现，因而变得可以理解。这就是为什么传统印度医学，会给精神失去方向的人以童话的形式提供一个特别的问题，让他沉思。医生希望病人通过仔细思考故事，能够既看到自身所处困境的本质，又能看到解决问题的可能性。

以苹果公司著名的商业广告片《1984》为例，这部广告片将1984年和乔治·奥维尔在他的反乌托邦小说《1984年》中所想象的未来进行比较，达到了颠覆行业格局的效果。广告片上那被咬了一口的苹果商标，正是暗指西方神话中伊甸园里亚当和夏娃的故事。亚当所咬的那一口苹果给了他关于善与恶的知识，导致了人类被逐出天堂。有了这样的背景知识，我们就能理解广告片中的象征意蕴。拿着大锤的金发女郎是一个大卫式的人物，她跑进会场，对着一个巨人，一个歌利亚式的洗脑者（大会场屏幕上的大头），扔出大锤，杀死了他。同时，她也是一个夏娃式的人物，她引领人类获得了关于善恶的知识，尽管她是在一个与伊甸园恰恰相反的反乌托邦的机构里发挥作用的。会场中人们的坐姿和他们的面部表情都说明了这是一座全景监狱，是某个巨大的极权机构或极权社会，一群被洗脑的、行尸走肉般的人被囚禁在这里。这些人和在警察前面跑进会场的充满活力的金发女郎形成了对比。警察无法阻止金发女郎摧毁洗脑者的形象，当她这么做的时候，我们认为她动摇了洗脑者所代表的组织对囚徒的控制。

为什么说苹果通过这则广告撼动了整个电脑产业的格局呢？

苹果公司《1984》的广告文本充满了讽喻意味。囚禁人们的极权机构夸张地代表着IBM公司，这家公司以某种程度的极权化而著称，“它让自己的员工穿着

---

① 贝特尔海姆．童话的魅力：童话的心理意义与价值[M]．舒伟，丁素萍，樊高月，译．北京：社会科学文献出版社，2015：5-6.

保守”。在当时的美国电脑产业中，IBM 就是老大哥一样的人物，囚徒则代表美国公众。由美丽的金发女郎所代表的苹果电脑把每个人从使用设计复杂的 MS-DOS 个人电脑所导致的大脑麻木的状态中解放出来。在苹果麦金托什和 MS-DOS 之战更加激烈的背景下，这则商业广告运用令人厌恶的东西暗示 IBM 是怎样的公司，让人联想使用 IBM 个人电脑和 IBM 复制品是怎样一种情形。

（三）电视广告的场景伴随和时空转换

平面广告很难像电视广告那样给观众带来强烈的紧迫感和伴随感，随着画面的频繁切换，观众会感觉目不暇接。看电视的时候，观众仿佛可以看到千家万户在陪自己一同参与节目，看广告的时候，观众很容易走进电视广告当中，想象自己使用该产品时的满足感。如果说童话最基本的叙事单位是一个动作，那么影像最基本的单位就是镜头，是摄像机跟踪某个动作的过程。镜头可以被定义为在电视上播放的叙事动作，存在于切换、淡入、淡出或结束一个镜头、开始一个镜头的编辑程序之中。当摄像机从远景推向近景甚至特写的时候，观众不由自主地会屏住呼吸预感接下来有重要的信息要出现，这是镜头语言的暗示，也是文本的一种辅助呈现方式。从电视到电脑到手机，各种数字影像的出现，让观众在观看的时候感到正和其他人在一起，平台播放视频时接收到的弹幕信息正是这种“在一起”的社会关系的文本呈现，人们经常会和视频之中的演员形成一种“准社会关系”。孤独的人可以从媒介化生存中感受到安慰，媒介可以通过音乐、画面等向观众传递一种“我在陪伴你”的社会景观。越来越多的人放弃了真实的社会交往，转而投向虚拟世界的媒介生存，这种生存可以是单纯的“观看”他者，也可以是在网络世界展示个体生活，与媒介空间的数字 ID 进行互动交往，电视媒介和网络平台通过提供这样一种虚假陪伴，可以从消费者的注意力之中获取更大的商业利益，将观众消费内容的时间打包出售给广告商。

（四）从童话、神话、寓言到时尚

我们以可口可乐和香奈儿两个品牌为例，一个是快销品饮料品牌，一个是女士服饰奢侈品品牌。可口可乐最初是作为一种提神醒脑的糖浆药品问世的，后来从药店销售过渡到普通商店零售。最初，可口可乐广告的配方中含有可卡因成分，后来根据不同国家和地区的法律要求，做了适当调整，直到 20 世纪 60 年代初才完全剔除了这一成分。但这丝毫没有动摇可口可乐在碳酸饮料行业的地位。

香奈儿这一女士时尚品牌的创始人香奈儿女士最初只是服饰店里的裁缝，她以做帽子起家，而后在情人的资助下创办了自己的服饰品牌。香奈儿最大胆的引领时尚的举动莫过于将女士裙装改造为裤装。这与当时女性逐渐进入社会职场的趋势密不可分，虽然她们只是从打字员、话务员和护士等工作做起，但是裤装还是让女性从束腰的蓬蓬裙等传统贵妇宫廷服饰的束缚中解脱出来。最早的贵妇帽子非常夸张，有遮阳和保持神秘的效果，而后香奈儿设计的女士帽子小巧轻便又帅气干练，充分显示了女性渴望走向社会、获得自身独立的愿望。

时尚是我们寻求将社会一致化与个体差异化相结合的文化形式中的一个显著例子。从时尚内容这个角度来考察，我们发现其历史就是企图将上述两种对立的倾向完美地调节为流行元素的历史。与此同时，时尚是阶级分层的产物，它使既定的社会各界和谐共处，又使他们互相分离。正如我们日常接触到的奢侈品广告，消费者明显感觉自己无力消费，认为大数据的流量推送具有偏差，而这部分人恰恰是奢侈品广告希望触达的对象，因为只有对中产阶级进行奢侈品时尚文化的教育，才能凸显奢侈品拥有者的阶层优越感。真正长期消费奢侈品的社会上层，不需要广告，因为消费奢侈品，对于他们来讲，就好像普通人消费超市里的平价矿泉水一样稀松平常。这里强调的奢侈品，如 LV 的棋盘格、Never Full 系列女士包等，一个手提包的价格超过一线城市一个公务员一个月的收入，但对于金融行业的高管而言，可能只是他一个小时的收入。通过对比我们就可以发现，奢侈品是针对普通大众的定义，对于经济实力强的富裕阶层而言，它只是一件普通商品。

时尚一方面意味着相同阶层的联合，追求同一种时尚体现了同一社会阶层的共同特征，但另一方面，它也意味着不同阶层之间的界限不断被突破。如果服装的流行时尚不断变化，那么最新的时尚就仅仅影响较高的社会阶层。一旦较低的社会阶层开始挪用他们的风格，越过较高的社会阶层已经划定的界限并且毁掉他们在这种时尚中所具有的象征意义的统一性，那么较高的社会阶层就会从这种时尚中转移而去引领一种新的时尚，从而使他们与社会大众区别开来。比如，很多国家在飞速发展的过程中，大量贫民涌入城市中心，而富人逐渐搬离市中心生活在郊区，购置新的房产并为社区缴纳高昂的费用以获得警察的保护。这个区域就会变成一个富人区：教育、医疗、治安方方面面都好于城市中心，而城市中心最终成为流浪汉的聚集地。美国的西雅图和南非的约翰内斯堡都发生了类似情况。

两个阶层越接近，下层对上层的模仿与上层对新奇的向往就会越狂热。时尚的本质是分界，在此情况下，时尚向邻近阶层显露自己。由此可见，时尚一方面具有统合的需要，另一方面具有分化的需要。以香奈儿经典款女包为例，2.55 系列和 CF 系列中的链条设计、锁扣设计、色彩选取等灵感多来自香奈儿女士童年时期在孤儿院的日常生活物品和场景，这一类具有私人记忆和体验投射的物品为何会成为引领奢侈品时尚的潮流，被来自世界各地的女性消费者争相购买，并且从 2009 年开始一直到 2022 年价格增长高达 300% 以上？毫无疑问，这是品牌的魅力所在，也体现了品牌创始人个人经历从故事到神话、寓言的演化。在跨文化传播过程中，时尚文化投射于商业消费领域便是资本主义价值观裹挟下的消费歧视，品牌也被包装成溢价工具。而时尚文化之所以被来自世界各地的人顶礼膜拜，根本原因在于经济全球化使文化成为商业资本的外衣，巧妙地吸引着不同文化背景的受众通过商品消费达成对一种文化的认同。在物质水平极大提升之后，大多数国家的消费者都会有崇拜经济强国消费品牌的经历，比如 20 世纪 90 年代初期中国人心目中的日本品牌东芝、美国品牌花花公子等，但是在“00 后”心目中，北美和欧洲国家的品牌并没有那么神秘。其根本原因在于经济崛起之后国人对自我文化的认同感有了极大提升。

四、文化的差异化：广告作为商品信息的全球化

全球化的前提是文化差异的存在。因为不同的文化之间有认知和理解差异，有符号表达系统差异，有社会规约和公序良俗差异。因此，广告作为全球化商品推广的先行军和晴雨表，必须在全球化进程之中充当急先锋的作用。“差异”为什么重要？第一种解释来自语言学，第二种解释来自人类学。文化通过在一个分类系统中给事物指派位置的方式赋予其以意义。“差异”标示着文化符号的秩序。各社会群体通过把事物安排和组织到各种分类系统中的方式，把意义强加于他们的世界。符号边界对于所有文化而言都是关键性的。标出“差异”使我们从符号上关闭其他序列，支撑文化并驱逐任何被认定为不纯粹或不正常的事物，给它们打上他者的记号。

（一）文化在全球化进程中的认同与区隔

克利福德·格尔茨认为，狭义文化的主要阐释者，就是其知识背景的产物。对

格尔茨来说，文化是在人群中公开的可接近的文本，是社会生活的本质化象征。文化是一个族群自我识别的标志。时至今日，文化被理解成文本，广告成为跨文化传播的典型代表。我们会发现，异国产品以广告形式展现于他国市场时，会不由自主地进行本土化改造，这是一种文化协商的结果。

虽然人们对所观察到的文化差异常常抱有刻板印象与偏见，但是这些刻板印象与偏见与具有不同生活背景和生活方式的群体间的关系没有任何直接相关性。族群边界并不取决于形式层面上的文化差异：比如中国人和韩国人都吃泡菜，都有端午节，都有相同的地名称呼，也有不少历史学家考证说“韩国人大多是春秋战国时期，迁徙到朝鲜半岛的楚人的后裔”①，但是我们可以明显感受到现在韩国文化与中国湖北的文化有明显差异，二者之间也难有认同存在。所以族群边界取决于更根本层面的文化差异，这些差异被特别固定化为互补身份的做法，可以把一个族群分化成若干个各自认可其独特起源的群体。虽然韩国申请将端午节、泡菜制作方法列入联合国教科文组织非物质文化遗产名录，为其贴上全球性文化归属标签，但是他们不愿意承认这些文化起源于中国。但是当国际社会将整个东亚地区视为一体的时候，韩国出于共同利益的需要，又愿意将其与历史文化悠久的中国绑定而溯源。

社会进程把族群对陌生人的恐惧和猜疑系统化为族群身份。这些族群为区别自我与他者提供了强制性标准，因此也把各种活动刻板地进行划分。

（二）广告对跨文化传播的协商体现

福柯认为，话语从来不是由一个陈述、一个文本、一种行为或一个来源组成的，任何一个时期，反映同一思想观念或思维方式的同一话语会通过一系列文本以及各种操作形式，在社会的不同场所中出现。广告是思维方式的呈现，对认知有潜移默化的影响。比如英特尔在美国和中国的广告，都是七八个少年描述自己的理想，美国广告中的少年依次幻想自己成为消防员、修理工、科学家、运动员、艺术家，而中国广告中的少年则依次幻想自己成为科学家、医生、教师、工程师。为什么要将“消防员”和“修理工”去掉呢？因为在中国，这两种职业身份不是高社会阶层的体现，家长们看到这则广告希望自己的孩子从事以上两种职业的可能性不大。这便是社会

---

① 曹中屏．朝鲜半岛的史前陶器文化 [J]. 东疆学刊 ,2016,33(1):1–4,111. 据《史记》《战国策》等史料记载，在秦灭六国的时候，楚国原先征服的辰国、卢国等部落不愿意被秦朝统治，于是举族迁徙，迁移到了当时朝鲜半岛的南部。

文化强加于人的影响，而广告会进一步强化这一认知。从2008年奥运会到2022年第24届冬季奥运会，北京这座城市引导整个国家越来越重视全民健身。特别是冬季奥运会期间，广告、娱乐节目和各种新闻都尽可能与冰雪运动相关，相关户外广告牌也大量增加。这是一种全社会的文化导向行为，由此少年儿童的校园冰雪运动种类明显增加。

（三）视觉符号的跨文化沟通效果显著

文化认同可能被概念化为行为、举止、规则与观念等整套内容或结构，它们界定了同边陲相对立的中心的范畴，并展示了其“原初”的特征。①

中心的认同危机反映了更普遍的全球危机。危机体现在从前的民族认同被削弱和新认同出现，特别是在由国家治理的社会中，在成员关系的抽象意义上，“公民身份”这类成员关系消解了，被建立在“原初忠诚”、族群、种群、地方社区、语言和其他具体文化形式的基础上的认同所替代。②然而，随着技术的发展，不同族群的个体可以学习同一种语言、登录同一个平台获取相同信息，这种情况导致技术支配下受教育水平差异和认知区隔带来的二次身份认同划分，比如知识技术精英对于电动汽车特斯拉的追捧和认可是不分国界的。这种认同让不同制度下的治理阶层感受到威胁。

视觉符号的跨文化沟通效果异常显著。影像拍摄是技术发展带给人类的一种遵循某种范式结构的实践。影像作品既可以看作某些重要事实的表征，也可以看作以“客观”的方法记录时间、地点、人物等的一种工具。在作为客观表象的纪实影片中，影像被看作某种非个人化的“合法证据”，一种客体记录，具有纯粹的信息价值。我们可以通过某个历史时期的广告去研究当时的社会经济发展状况、居民消费情况和社会政治动员情况。当然，我们必须承认，和所有的文献记录一样，影像作品也会被修改。另外，作为主观表征的影像作品，很少有人相信摄影机会撒谎，因为它拍摄的形象具有明显的客观性，有助于为一个特定的文本规定意义。而人们在自媒体时代喜欢用各种美颜相机来修饰自己的外貌，从眼睛大小到身材比例、从皮肤色彩到头发多少，都修饰一番。中国电商平台的直播带货主播告诉我们：只要有需求，影像技术就能满足。我们现在看到的直播带货、视频对话界面等都可以调整人的五官比例，以至于有些

---

① 弗里德曼.文化认同与全球性过程[M].郭建如，译.北京：商务印书馆，2003：121.

② 弗里德曼.文化认同与全球性过程[M].郭建如，译.北京：商务印书馆，2003：129.

主播头像被扭曲之后看起来像外星人，但这依然不妨碍人们对技术模板设定的热爱，不妨碍技术对消费者喜好的迎合。摄影师通过光线和构图等视觉语言对作品进行诠释，广告也是一样，每件作品都有其创作意图，要么为了增加销量而提升品牌好感度，要么提倡一种生活方式，可以说，影像具有明确的目的导向性和功能价值。

第三章　跨文化传播的消费图景

- 语言属性的区隔
- 媒介呈现的区隔
- 全球贸易的融合
- 商品消费的融合

在美国移民当中有这样一群墨西哥人、拉美人及其后裔，他们从事水管修理和房屋修缮等工作，虽然已经在美国生活了10年、20年甚至30年，但是他们与人交流的词汇量依然非常有限。笔者在美国访学期间关注过这个群体。他们大多数人的生活轨迹为：工作日里与家人或者工友一起上工，所使用的词汇量仅限于工作用语，不会和雇主有更多交流，休闲日会去人均10美元的自助中餐馆用餐。在佛罗里达州的一些海边酒店和餐厅打工的拉美人，他们甚至不会说英语。在基韦斯特岛上，甚至在亚利桑那州的一些地方，你完全不会把那里的生活环境和纽约、旧金山、华盛顿联系起来，那里似乎是另外一个族群生活的场所。其中有文化的交融，但更多更直观的是语言的区隔。

一、语言属性的社会性区隔

对话关系是人与人之间成对的互惠交流，需要“真正思想的结合”。这一前提便是双方具有共通的语言符号系统。对话具有排外性。苏格拉底以苏格拉底式的询问方法，把对话浪漫化为理想的交流模式。在英尼斯眼中，口语文化的力量来自它不会轻易被垄断。说话是一种自然的能力，当知识生产源于说话和交谈时，它活跃于社会生活中，不会被完全占有。但是，一旦先进的传播形式，如书写、绘画、摄影等被创造出来后，就会产生更加复杂的劳动分工，还会同时出现知识的生产者与消费者。另一种不同的观点来自彼得斯。在彼得斯看来，对话也有权力关系。苏格拉底式的对话是精英式的，因为它们提供互惠：首先是教化；其次是资历较浅的一方须成功地应付智力竞赛才能获得相对的平等。可见，掌握一门语言和话语体系，是在某一特定社会环境和族群中进入上升通道的必要工具。

精英式的对话不是对所有人开放的，如在雅典民主社会，它只对特权阶层中的少数精英开放。[①] 哈贝马斯认为：交流的壁垒使互惠的责任成为假象，一方面，正是这些壁垒支持着有关合法性的信念，而这种合法性的信念又是维持这一假象的根本；另一方面，这些壁垒又可防止假象被揭穿。这就是意识形态的自我矛盾性。人在幼年时期同时掌握几种语言，在最初阶段会导致最难掌握的一门语言淡忘，在成年之后母语是一切语言符号的参照系统。在初中以后才开始学习外语的人，学习时会下意识地将其翻译成母语进行理解，如果母语中没有相对应的参照系，他又没有相关的生活体验和场景认知，理解起来就异常艰难，只能死记硬背。

（一）公共话语中的两种语言

很多国家的公共服务部门，比如中国移动、中国联通对外沟通的客户服务电话都会有汉语和英语两种语言，一方面显示该企业的国际化水平，另一方面显示其业务涵盖的受众范围。英语在一定程度上象征着国际交流水平。而美国的电信、邮政等跨国企业的服务电话都有英语和西班牙语两种选择，是因为西班牙语满足国际交流需要吗？应该是考虑到本国使用西班牙语的人口基数较大，这是出于社会稳定和社会实用性的考虑。

跨文化传播中充满了个人叙事，个人叙事和承重墙一样，依靠某些结构来实现跨文化传播。以交谈的形式讲述的故事具有共同的特征，尽管这些故事可能以截然不同的方式联系在一起，且指向不同的解释。事件因其在叙事中的位置而变得有意义。拉博夫的结构主义方法是一个范式，大多数研究者都引用它、应用它，或以它为出发点。他提出，叙事有形式属性，每一个叙事都有一种功能。一个具有“完整形式”的叙事包括六种因素：摘要（包括叙事基本内容的概要）；介绍（包括时间、地点、情况、参与任务）；使事情复杂的行动、一系列事件，评价（行动的重要性和意义、叙事者的态度）；解决（最终发生了什么）；尾声（让视角回到现在）。[②] 讲述者用这些结构从基本经验中构建一个故事，用句子和潜藏的

---

① PETERS J D. Speaking into the air: a history of the idea of communication[M].Chicago:University of Chicago Press,1999:17-19.

② RIESSMAN C K.Narrative analysis[M].London:Sage Publications,1993:68-79.

评价解释事件的意义。

不同族群有不同的话语表述模式，如笑话就具有典型的族群差异性。很多广告中包含着日常生活中各种各样的笑话，我们会发现这些笑话使用的修辞手法完全不同。笑话一般来说是关于他人的事情，我们通常不创作关于自己的笑话。笑话中常常有大量的敌意和挑衅意味，如果达不到预想的效果，往往是因为其中的敌意和挑衅意味过于明显。笑话大量揭示了人们的精神状态，因此它是社会学家研究的宝贵文本。和所有叙事一样，笑话可以用来控制人，并且常常对人有一种强制作用。与此同时，笑话也具有反抗权力结构的作用，起到一种温和抵抗和社会解压阀的作用。

（二）消费无法打破语言区隔

如果说语言无法通过交流来消除差异，那么跨国企业的商品是否可以消除文化交流障碍呢？比如说意大利和法国的奢侈品在中国、俄罗斯、印度等国的高端商业街随处可见，但是这些国家的消费者并不会讲意大利语或者法语，甚至连奢侈品品牌的名称都无法正确发音，这虽然不影响其消费使用，但是也并不会消除跨文化交流中的差异。首先，跨国品牌商统辖制造商。从微笑曲线可以看出，全球经济一体化中消费品 95% 的利润都被品牌商获取，而制造商所享有的仅仅是"凝结在商品中无差别的人类劳动"，这些制造业大国因为低廉的人工成本、地价和税收优惠政策吸引了大量的外资企业带着其强势品牌进入。其次，如果说文化工业主要以商品形式运作，那么全球文化工业则是以品牌形式运作的。商品和品牌都是统治权力的源泉。商品运作遵循同一性逻辑，品牌运作则遵循差异性逻辑。因为一个物品之所以成为商品是因为它拥有交换价值。物品的交换价值是其使用价值的抽象，由作为抽象等价物的货币表示。商品具有单次消费的特征，而品牌可以自我表征，无法被拥有、使用和交换。

叙事是由在一段时间里展开的故事组成的。日常生活是真实的，日常生活或多或少地自动发展，直到我们死去。我们可以在日常生活中时时看到叙事因素，但是它和叙事有本质区别。大多数广告叙事文本都是虚构的，虚构的叙事是闭合的：有开头、中间和结尾，其间出现的各种纠葛在结尾得到了解决。[①] 我们的日常生活基本处于"中间"，很少有人关心别人故事的开头或者结尾。叙事比日常生活更为集中，尤其是广告叙事，需要在场景中呈现商品特征，将消费者情绪带入并使其产生共鸣

---

① 伯格 . 通俗文化、媒介和日常生活中的叙事 [M]. 姚媛，译 . 南京：南京大学出版社，2006：140.

和价值认同，而我们的日常生活相对平淡，很难在固定的时间段内出现所有的矛盾冲突，呈现问题的解决路径。

（三）语言不通的消费者

在世界各地的奥特莱斯和奢侈品店，不少品牌都会雇用懂得中文的销售员服务来自中国的消费者，这些消费者拥有雄厚的财力，但经常语言不通。在瑞士的名表店和米兰的奢侈品店，都有不少专门服务中国游客的售货员，这便是品牌为了打破语言区隔做出的让步，与其说是让步，不如说是为经济利益服务。

大多数消费者购买这些具有强烈族群归属感的品牌时，并非为了其功能价值，而是为了彰显其社会表征价值。比如一辆宾利轿车和一块百达斐丽的手表，对于品牌名称，购买者可能难以正确拼写和发音，但他仅仅需要品牌的符号标识来证明自己的社会地位和消费能力。哪怕是他国消费者看不懂、无法理解品牌广告的视觉呈现和创意也无关紧要，语言区隔所带来的高级感与神秘感反而使品牌显得更加“高贵”。

二、媒介呈现的解域性区隔

关于媒介呈现的区隔可以从“客观主义”和“表现主义”两种视角来考察。典型的客观主义的代表是笛卡尔，笛卡尔把人看作主体，认为人是拥有自己关于世界的图像的主体，并有一种内在动机。“表现主义”的代表人物则是马克思主义者。查尔斯·泰勒认为，“马克思赋予精神人类学的意味，他将精神移植到人的身上”①。在马克思看来，现实不是中立的、独立于人而存在的，相反，现实在其作为人类行动产物这个意义上表现了人类。即我们所熟知的“人具有认识世界、改造世界的主观能动性”。那么媒体呈现的区隔要从传播报道的本质属性入手进行分析，早期与大众媒介有关的论著都信奉功利主义传统，认为人类行为目的是随机的或由外因造成的，这一切都与工具理性和理性人的经济学假设密不可分。如果人是自由的，那么他将拥有完整的信息，如果信息是完整的，那他可以理智地选择有效的手段达到个人目的。

约翰·杜威和李普曼却有着截然不同的观点。杜威认为，词语承上启下，与实

① 凯瑞 . 作为文化的传播 [M]. 丁未，译 . 北京：中国人民大学出版社，2019：56.

际行为有关，而不是借助于表征性的字符。杜威认为，交谈而非影像呈现是人们理解知识的终极预警。但是李普曼从政治语境、国家宣传需求角度去理解报业和媒介呈现。对比二人的观点，我们发现杜威更加倾向于现实主义，他把传播的本质很实用地归结为人们要么寻求影像，要么逃避焦虑，它们分别源自社会科学的因果模式和功能主义模式。从这位实用主义大师的理论出发，我们就必须从文化的内在危机、共同体生活和公共生活危机中分析大众传播。

（一）社会潜意识中的过滤器

一般来说，外来族裔进入一个新的国家后很难在短期内理解其社会潜意识。弗洛姆认为，社会潜意识是一个社会的大多数成员心中共同存在的被压抑的领域。他指出，历史上大多数社会都是少数人统治并剥削多数人，因此必然会想方设法不让大多数人意识到这种社会的不合理，必须把人们的怨恨情绪压抑下去。压抑的机制是每个社会都有的一套决定人的认知方式的体系，其作用类似于过滤器。除非人们的经验能够通过这个过滤器，否则就不能成为意识。

这种社会过滤器由三种要素组成：第一，语言，难以用语言表达的经验和现象则难以成为明确的意识。第二，逻辑，不合逻辑的经验被排斥在意识之外，而不同文化有不同的逻辑。第三，社会禁忌，指每个社会都排斥某些思想和感情，使之不被思考、感受和表达。在构成过滤器的三种要素中，社会禁忌是最重要的。社会潜意识和社会性格一样是联系经济基础和意识形态的中介环节。对个人而言，它是个体为避免被他人和社会孤立与排斥而形成的心理机能。

但是语言这一人类生活的基本媒介逐渐被定义为一种用于操纵客体的工具，它不是确定真相的装置，而是让他人相信希望他们相信的东西。从这个角度来看，交谈和人际关系已经被宣传和论战所替代。在人人都是自媒体的今天更是如此，每个人都可以通过视频号传播观点，你会发现越来越多的内容同质化、观点同质化、创意同质化，你收看一百条短视频，发现竟然有超过三分之二的内容几乎没有差别。这一现象的后果就是，我们不再承认语言具有揭示真相的可能性。正如汉娜·阿伦特所言："言语与政治生活有一种亲密的联系，正是言语使人成为一种政治的存在（political being）。"[①] 只要言语的适当性出现危机，就会成为政治性事件。

我们经常看到新移民的孩子在校园里受到排挤。对于孩子而言，他们可能并不

---

① 凯瑞．作为文化的传播 [M]. 丁未，译．北京：中国人民大学出版社，2019：64.

认为周围充满社会性歧视，而更多是感觉与周边环境不融通。随着越来越多的中国大学生去海外求学，我们会发现中国留学生要么聚集在华人社会的圈层，要么就是独来独往，很少能融入其他国际学生或者当地学生圈子。语言区隔只是第一步，哪怕在课堂上他们可以与他国学生自由交流，但并不代表他们可以听懂他国语言的每一个笑话、每一个歇后语和每一种语言背后潜在的社会共识。

（二）跨文化传播机构的选择性

如果将真相从话语和行动中分离出来，即将传播工具化，那么这不仅增加了宣传的可能性，而且使真相这一概念陷入混乱，因此也就破坏了我们对这个世界的感知。媒介呈现的区隔正体现在这一点上。跨文化传播本身可以是一种组织行为，通过文化机构来完成。文化机构会指定哪些东西在一个文化里面是真实、正常或可被接受的，并将特权赋予某些人，而边缘化或否定其他人。批判理论会注意到这些特权化与边缘化过程的机制，并常常思考对抗这些机制的政治行动的可能性。

在美国的亚洲文化传播中心，大多数教授来自韩国、日本甚至印度。他们在挑选亚洲影视作品和话题样本的时候，具有强烈的文化属性和国别政治态度。由于语言本身是一种行为方式，是一种互动，它不仅仅是再现或描述，事实上是对世界的形塑与建构。如果某个国家的人能够进入其他国家的顶级大学求学、任教，那么这个人本身就代表其国家形象、民族形象和人口素质水平。但是如果出国留学的群体通过金钱置换文凭，在校园里通过奢侈品消费而非学业成绩来获得关注，那么这一群体会让他者形成刻板印象，对来源国形成负面认知。媒介呈现的区隔还体现在同样一个事件有多个报道维度，但是媒介机构只会挑选最符合其价值认知和政治属性的维度去报道说明。面对国际政治环境和全球贸易交往中的主要语言是英语这一事实，我们通过设置英文电视台和英文频道主动对外传播，从而有效参与媒介呈现。如果不能说服他者使用汉语来接受新闻信息和观点，最好的方法就是我们主动掌握英语，面向全球制作广告或其他视频内容来传递信息。

从 1975 年到 2000 年，新闻变成了一项逐渐成长的产业，原因在于大众媒介不断上升的被关注度和随之而来的社会权力。正如斯图亚特·霍尔指出的，就数量和质量而言，在 20 世纪发达资本主义国家内部，媒介已经在文化圈中确立了决定性和根本性的领导权……它们逐渐将文化和意识形态范围殖民地化了。针对这种殖民行为，最初的批判只是试图简单地记录用以完成客观性的策略性仪式的框架惯例、叙事结构和组织实践的意识形态要素，它们展示了新闻是被制造出来的而非被发现的，新闻被制造的方式与生产它们的在社会中占有支配地位的意指系统是一致的。自主的媒介呈现一方面需要强大的技术资金和硬件设备支持，另外一方面需要大批懂得汉语和英语的高层次专业传播人才，这也是近年来国内大学纷纷开设国际传播、国际新闻专业的大背景，只有充分理解全球政治格局、精通至少英语和汉语两门语言、掌握数字媒体传播技巧和传播规律的人才，才能打破跨文化传播过程中媒介呈现的区隔，才能面向国际社会讲好中国故事。

（三）媒介框架与隐喻

架构惯例指的是通过探索能够保障政治图景实现的各种基础性隐喻，传播学者可以追踪架构在采纳和培育社会现实的霸权结构中所扮演的角色。比如，苏联解体和东欧剧变所产生的“范式危机”，诠释了长期以来明显可见的，却几乎从未被质疑的媒介实践，即信息收集、组织以建构国际新闻的方式。[①] 在超过 40 年的时间里，美国新闻机构的支配性修辞“冷战”，为概念化国际新闻提供了网络，从而成为非此即彼的结构和架构手段。[②]

在一段时期内，“媒介框架”不仅是事件的中介，它还自发获取新闻价值。此外，没有新闻事业客观性的策略性仪式可以隐藏其社会、文化、历史、修辞和迷思等方面的特征。“框架分析”（frame analysis）的概念由欧文·戈夫曼（Erving Goffman）引入社会学，并通过盖伊·塔克曼、斯图亚特·霍尔和托德·吉特林（Todd Gitlin）的研究贡献开始在新闻分析中被普遍应用。

吉特林将媒介框架定义为“认识、阐释、表达、选择、强调、排除的持久模式，符号处理者们常常通过这些模式组织话语，不管是口头的还是形象化的”。根据吉特林的观点，这些框架通常是“沉默而未被承认的”方法，这些方法被记者、很大程度上也被依赖于报道的受众用来组织这个世界。

媒介框架使超越直接经验的世界看起来自然。它们为信息赋予了“一个现实世界中的怪诞实质，使它们脱离貌似真实的新闻制作者，并将其作为异己的力量”。术语“框架”也是一个隐喻，近年来已经被传播学者广泛使用，以至于它几乎成为中介的同义词。在新闻分析中，架构程序被视为争论的焦点和霸权的来源之一。因此，架构吸引了大量的批判性关注。吉特林就展示了主流媒介如何运用源自犯罪报道的框架来（错误）再现反战运动。框架通常被当作意识形态扭曲的管道加以分析。

① 詹森 . 批判的传播理论：权力、媒介、社会性别和科技 [M]. 曹晋，译 . 上海：复旦大学出版社，2007：245.
② THOMPSON E P. History turns on a new hinge[J]. The nation, 1990, 250(4): 117–122.

它持续地提醒我们所有传播的中介性质。它为识别和分析“权力的盔甲”，也为设想能够阐释事件的另类或反霸权框架提供了必要的批判性资源。它承认框架是意义制造的工具——符号技术或者概念透镜——通过窄化人类的视野而拓展它。①

三、消费属性的全球性融合

广告以视觉影像的形式向人们展现着物质文化。美国耶鲁大学艺术史系的朱利思·大卫·普朗（Jules David Prown）将物质文化界定为：“物质文化是指在特定时间的特定社区与社会，人们通过人工制品研究其信念、价值、观念、态度和推测……物质文化这一术语也用来指人工制品本身。”② 伴随着科学技术的进步，从发达国家到发展中国家，人们的生活水平有了极大改善，商品和信息的全球化更让世界各地的人们见识到各种各样的物质文化。物质文化的研究者相信：我们生活在一个物质材料的世界里，从独木舟到水稻田、从城市到乡村、从洗发水到牛仔裤。人们的习惯、饮食与会面的方式以及他们的价值观念，部分来自他们所生活的物质环境，来自房屋空间布局呈现的日常规律，甚至来自他们的着装方式。这一观念与我们日常接触的鼓励消费的广告不谋而合。

广东财经大学郭景萍教授将我国从 1949 年至 2013 年的消费文化和生活方式分为三个阶段③：首先，1949—1978 年，强调政治消费文化、计划经济体制铸造的文化，一方面由于物资匮乏所采取的票证制度和配给制度对消费行为和享乐生活进行了抑制，另一方面这个时期的消费观念体现了国家意识形态。其次，1979—1989 年，伴随着改革开放，中国的主旋律是大力发展经济，提升人民物质生活水平，以温饱型生活方式为主导。再次，1990—2013 年，一方面政府大力发展市场经济提高人民生活水平，另一方面民众借助经济的发展成果来满足生活需求。20 世纪 90 年代初期，北京、上海、广州出现了出国热潮，有的做生意，有的求学，大量外资涌入中国市场，寻找投资机会，在文化交汇融合冲突的过程中，一代人完成了市场化的洗礼和淬炼。这个阶段的市场消费文化带有强烈的世俗性和享受性特征。

生活在中原人口大省比邻省会城市的笔者，小学一年级时，对生活的记忆是物

① HARAWAY D. Situated knowledges: the science question in feminism and the privilege of partial perspective[J]. Feminist studies,1988,14(3):575-599.

② 普朗 . 物之思——物质文化理论与方法综述 [J]. 温特图尔文献，1982，17（1）：1-19.

③ 郭景萍 . 消费文化与当代中国人生活方式流变 [M]. 北京：社会科学出版社，2017：24.

质极大丰富。父母出差会从上海和广州给笔者带遥控汽车玩具和带钢圈的白雪公主蓬蓬裙，当时最流行的一句广告语是“星期天到哪里去，郑州亚细亚”。周末可以吃到速冻水饺和汤圆，电视机已经进入寻常百姓家。笔者对外国的认知，一方面来自各种文学作品，列夫·托尔斯泰、莎士比亚、雨果、莫泊桑，另一方面来自中央电视台每周末播放的从国外引进的译制片。跨文化传播在当时极为稀缺，偶尔在街头巷尾遇到外国人，小学生们都会情不自禁地打量和围观，暗暗惊叹，他们的模样和我们差别真大。大多数三线城市的青少年学习英语是从初中一年级的 ABC26 个字母、从英语老师发音生硬的单词开始的。

与大众传媒一同浮现的是全球文化工业的核心法则。在全球文化工业中，不仅媒介为物，物也变为媒介。电影衍生品比电影本身更加流行。迪士尼、华纳和环球等电影公司已经将业务拓展到零售商店和主题公园等领域。物的媒介化可以知名品牌耐克 Swoosh 等为例。如，打高尔夫球赛的泰格·伍兹头戴耐克 Swoosh 的帽子，而这样的意象又在媒体转播的过程中利用了一整套媒介化联系。这些联系构成了耐克产品运转的时间和空间。像在耐克城这样的品牌专卖店，耐克的标识、广告语出现在每个角落，不仅象征着其系列产品，其自身也成了大厦整体构成的零部件。物理环境造就了高度媒介化的品牌体验，具体来讲就是物理环境触发了消费者的感觉。

（一）商品即媒介（媒介的物化）

随着文化工业的崛起，个体主义也侵入了文化领域，马尔库塞认为发达资本主义国家创造了“单向度的人”。英国伯明翰学派的文化研究起源于对霍克海默等人的批判理论的反驳。伯明翰学派主张文化和媒体既是统治存在的阵地，也是反抗存在的阵地。约翰·汤普林森认为：所谓“全球化”就是“解域化”（deterritorialization），就是复杂联结（complex connectivity）[①]，而文化则是与一定的地域性相关联的日常生活实践。全球化，其文化影响的关键点在于地方性本身的转型，解域化的文化影响是全球性的。[②] 所谓“文化影响”即当两种文化相遇时，或发生对抗，或互相协商。因为全球化本身带有自身文化无限扩张的意味，而且具有两大前提：一是对自我身份及其特殊性的确认，二是意识到自我之局限从而对他者开放。解域化所引发的剧烈的文化冲突来自对自我身份的确认与对文化主体意识的坚守。文化冲突既是全球化的显在形式，也是它自身的内在构成或品质所在。伴随着商品经济的发展，发达

---

① TOMLINSON J. Globalization and culture[M]. Cambridge:Polity Press,1999:29.

② 金惠敏 . 消费他者：全球化与资本主义的文化图景 [M]. 北京：商务印书馆，2014：67-72.

资本主义国家通过印有品牌 LOGO 的汽车、电脑、快餐、电影、娱乐明星横扫全球市场，让来自不同国家、不同文化、不同肤色、不同制度的人们对其商品顶礼膜拜，从这层意义上来说，商品是最好的媒介，媒介通过商品而物化。人们坚守自身文化的信念逐渐被商品的受追捧热度所融化，日本汽车对于美国消费者，德国精密仪器对于饱受纳粹欺辱的波兰人，这些商品让人们切实感受到生活的便利和科技的进步，让人们放下以文化为中心的自我确认，转而拥抱这种隐去国别文化色彩的商品。

文化工业的观点认为，1975 年前，文化仍基本上属于上层建筑。这时，统治和反抗以意识形态、符号、表征的形式出现，在日常生活中，文化产品仍较为少见，更多的是满足物质生活需要的商品。从 1976 开始，文化产品已经以信息、通信工具、品牌商品、金融服务、媒介产品、交通、休闲服务等形式遍布各处。它不再是稀缺物品，而是无处不在。“它仿佛从上层建筑中渗透出来，又渗入并掌握了经济基础，开始对经济和日常生活体验两者进行统治。”① 就反抗与统治而言，文化运作不再遵循上层建筑的运作模式，也不再以霸权意识形态的符号形式出现。在全球文化工业兴起的时代，一度作为表征的文化开始统治经济和日常生活，文化被“物化”。在经典文化工业中，媒介化主要发生在表征层面，而在全球文化工业中则是通过“物的媒介化”实现的。

在日常生活中，媒介物开始和制造物相匹敌。当媒介作为表征（绘画、雕塑、诗歌、小说）的时候，我们关注的是它们的意义。当媒介变为物的时候，我们就进入了一个只有操作、没有解释的工具性世界。我们更多地“做”它们，或者用它们来做事，而不是“读”它们。这种态势已经在报纸、广播、电视等“大众媒介”领域初见端倪。大众媒介与艺术不同，它不受某一独立的空间（如博物馆、电影院与大学）的限制，它无处不在。这一点说明大众媒介已成为物。它比绘画、雕塑等媒介更贴近我们。

（二）从表征到物

鲍德里亚认为，生产已经终结，消费正在崛起。人们一旦进入消费社会，就只需要货币交换一切具有符号属性的商品，而且这是一个完全物化的符号系统，不同符号代表着不同的消费能力和其背后的社会阶层。以奢侈品消费为例，为什么奢侈品的仿冒品相当有市场，人们为何明明没有财力消费真正的奢侈品，却还

---

① 拉什，卢瑞．全球文化工业：物的媒介化 [M]．要新乐，译．北京：社会科学文献出版社，2010：77-79.

要花钱购买带有其LOGO的仿冒品，归根结底在于消费者购买的不是物品本身，而是具有表征价值的商品符号。一切表面上看起来纯粹为个人性的消费都不再是个人之自然需求的满足，而是个体在参与社会互动中个人形象建构和社会阶层展示的需要，是对商品作为抽象符号价值的认同。

文化一旦归于物质基础，就显现出一定的物质性。媒介变为物。其原先属于上层建筑的独立的意义被物化，变为“物质图像”（matter image）。霍克海默和阿多诺认为文化是商品化的表征，而不是文化的物。表征的媒介化与物的媒介化大相径庭。如一件艺术品和一把锤子之所以不同，是因为就前者而言，我们关注的是意义，而后者，我们关注的是用途，或者是“操作性”（operationlity）。在罗莎琳·克劳斯（Rosalind Krauss）看来，绘画与雕塑是大众媒介时代来临之前的媒介，绘画和雕塑只具有文化价值，它与意义有关，可以称为媒介。媒介一旦变为物，就不仅仅具有文化价值，同时也具有使用价值和交换价值。媒介的物化表现为诸多形式。电影变成电脑游戏；品牌变成品牌环境，占领机场并改变商店、路边广告牌以及城市中心的结构；卡通人物变成玩具被收藏；音乐变成电梯里播放的背景音乐和手机音乐。①

文化对象从上层建筑中“下沉”，物质则从经济基础上“上升”，双方在位于上层建筑和经济基础之间的类似于“媒介环境”之处相遇。在这个中间区域，物质环境（如足球场）变成了媒介。媒介（电影和艺术）以商品、装置的形式下沉到此区域。意象变为物质，物质变为意象；媒介变为物，物变为媒介。这个过程涉及真正的文化工业。霍克海默和阿多诺所谓的工业化是商品化，而且是表征的商品化。媒介物化的结果就是文化的中心地带同时受到商品化法则和工业化法则的影响。

（三）经济故事与广告创意

隐喻在保障新闻范式和作为意识形态转变的中介时扮演了重要角色。隐喻完成了跨越边界的任务，即将精英们的讯息从智囊团内部传向外部，成为演讲标题、情景戏剧和广告标语等。被定义的迷思的修辞，比如“冷战”及其可能的后继者“新世界秩序”“世界秩序”“全球化”“信息社会”和“恐怖主义战争”等都是派生结构。

这些根本性的隐喻以政治话语的优势形式出现，策略地定位和保证了关键词

① 洪长晖.论媒介化社会的层级构建[J].浙江传媒学院学报,2014,21(5):21-25,137-138.

的权威性和灵活性。它们推动了与新现实进行沟通的必要概念的飞跃，但却是通过排斥另类表达的方式实现的。这就是关键词如何担当起术语的双重职责，即某项活动及其阐释中重要的、具有约束力的词汇以及某种思想形式中重要的、指示性的词汇。

20 世纪 50 年代，西方社会进入以消费意义为中心的消费时代，它具体是指：不以生产意义决定消费行为为中心，而以消费对象如商品或服务对应的社会意义、精神意义决定消费行为为中心。我国进入这一阶段大概是在 2008 年成功举办奥运会之后。在这之后媒体技术进一步发展，人们能全面获取国外商品资讯，从而开启了以消费意义为中心的时代，即品牌消费时代。品牌与商品的不同之处在于，商品的价值是凝结在其中无差别的人类劳动，而品牌更多的是在此基础上增加的信誉、文化、符号价值，正是我们所说的“品牌溢价”。而这一系列消费行为和消费风气的形成与广告的跨文化传播密不可分。一部分先富起来的中国人，强烈地渴望通过商品符号的消费获得与世界发达国家富裕人群一样的社会地位，实现与其一致的生活方式，更重要的是获得作为个体的满足感和成就感。先富起来的一部分人的消费方式、生活方式必然会引发后来者的效仿和崇拜，这个过程就是全球商品在中国市场的全面覆盖。

中华民族一直以来崇尚勤俭节约的生活方式，所以消费主义和消费文化在我国学界引起了极大的争议。有学者站在道德制高点批判消费主义和消费文化，也有学者站在客观中立的角度提出“正是因为具备了广泛的群众基础和文化合法性，消费主义才构成一种不可忽视的社会力量”①。

与此同时，一批有着强烈精英意识和人文主义精神的学者表达了对消费主义的忧虑。学者黄平 1994 年就指出，全球性大众消费文化给中国社会带来前所未有的变化，但同时新的问题也随之而来。“如果说商品、广告、媒体是消费文化得以滋生并蔓延的三大支柱的话，那么经济发展、环境条件、历史传统就是对消费文化保留必要批判的三大角度。”②

（四）消费图景中的居住环境

布尔迪厄认为，文化包括信仰、传统、价值以及语言，它还通过把个体和群体联系于机构化的等级而调节着各种各样的实践。无论是通过倾向、客体、系统

① 王宁．国家让渡论：有关中国消费主义成因的新命题 [J]. 中山大学学报，2007（4）: 2.
② 黄平．二十一世纪的中国人生活方式·消费文化 [J]. 中国软科学，1994（10）: 33.

的形式，还是通过机构的形式，文化都体现着权力关系。与此同时，所有的文化符号与实践——从艺术趣味、服饰风格、饮食习惯到宗教、科学与哲学乃至语言本身——都体现了强化社会区隔的利益与功能。文化的社会化如何把个体与群体置于一个竞争性的等级体系中，相对自主的斗争场域如何使个体与群体陷于资源的争夺，这些社会斗争如何通过符号的分类得到折射，行为者如何通过各种策略获取利益，以及他们如何在这样做的时候不知不觉地再生产着社会的分层秩序。这样看来，文化不能免于政治的内容，它是政治的一种表达。[①] 以人类的居住环境为例，在人类生存需求的物质供给之中，居住环境一直处于消费图景的顶层，它保障着生命安全。进入近现代社会之后，对于普通人而言，居住环境与个人的社会地位、经济收入密切相关。伴随着改革开放，商品房市场蓬勃发展，尤其是以金融借贷消费商品房的形式，不仅为普通居民带来了改善居住环境的可能性，同时也赋予商品房一种金融投资属性。

放眼世界范围内，以法国居住环境为例，伴随着生活水平的提高，人们对居住环境的追求从大而全发展到小而精，相较于追求起居室的面积，人们更需要合理的空间划分满足个体隐私保护需求。从这个角度来看，全世界人民对住宅空间的需求趋同，从日本东京到中国香港，人们的居住环境哪怕狭小但是依然具有独立生活起居功能，个体可以拥有安静自处的空间。

① 斯沃茨．文化与权力：布尔迪厄的社会学 [M]. 陶东风，译．上海：上海世纪出版集团，2005：3–10.

第二篇

修辞篇

如果说拍摄就是占有被拍摄的东西，那么视觉影像本身也是创作者对日常生活的理想构型。苏珊·桑塔格认为，拍摄意味着把你自己置于与世界的某种关系中，这是一种让人觉得像知识，也像权力的关系。对一个人或者一件事的描述，文本视觉作品如绘画、摄影都是如此，每个人都按照自己的理解解读它，正如柏拉图解读洞穴壁画。按照苏珊·桑塔格的理解，摄影技术从专业走向普及，从高级设备走向普通手机，已经不再是一种艺术实践而是一种社会仪式，一种防御焦虑的方法，一种权力工具。

如果说拍照是核验经验的一种方式，它也是拒绝经验的一种方式，即仅仅把经验局限于寻找适合拍摄的对象，把经验转化为一个影像、一个纪念品①。那么数字广告带给人们的则是更大程度上的心理满足，消费某件商品或者某个品牌，就与获得他人的艳羡和幸福感挂钩。比如“老家的人都说我很成功，但我觉得在杭州拥有一套房子才是真正的成功”（房地产广告）。“你配得上更好的人生”（任何鼓励即时消费的产品）。“女人要对自己好一点”（护肤品广告、奢侈品广告）。这种对照与旅行拍照非常相似，旅行变成积累照片的一种策略，消费变成获得优越感的一种方式。“我消费的产品一般人消费不起”，“我消费的产品能让别人给予我更多的尊重和羡慕”，“我能消费这款产品证明我高人一等”，这些内心独白的很多功效的产生归功于广告。

广告既包含文本又包括视觉形象，从纸质媒体到多媒体电视广告、互联网数字广告，人们受到视觉文本、视觉画面、听觉配乐、嗅觉气味的多重广告信息的包围，本篇将从视觉修辞、叙事特征和视听屏障三个层面去分析跨文化传播的内在逻辑，进一步探索数字广告跨文化传播的实践路径。

① 桑塔格．论摄影 [M]. 黄灿然，译．上海：上海译文出版社，2014：16.

第四章　跨文化传播的视觉修辞

布尔迪厄在研究文化的时候提出一种关于实践域符号权力的政治经济学，而这一切的起点就是视觉影像的符号呈现和内外文化群体的跨阶层文化间性式的传播，跨文化传播正是其典型代表。布尔迪厄的符号利益理论通过把经济利益的观念扩展到文化领域而把社会生活中的符号方面与物质方面的关系加以重新理论化。何为视觉修辞？视觉修辞与文本修辞的差别何在？在跨文化传播的历史进程中，我们为何要重视视觉修辞的重要性？带着这些问题，我们进入第四章。

众所周知，文本修辞的前提是识字率和受教育程度，而只要你具有视觉这一感官接收设备，在一个族群文化环境中生活得足够久，就能够辨识出符号的含义，这是关乎生存技能的本领。在原始人时期，人们需要通过辨识代表水源地、危险地、入侵地等的符号来让自己的部落、家族、个体存活下来。从这个角度看，视觉修辞比文本修辞更具有普遍的受众基础和社会通识性。

然而，随着人们生活水平的提高，视觉修辞也逐渐成为阶层划分的工具。法国的一项社会学研究显示，拥有孩子的家庭持有家庭相机的比例远高于没有孩子的家庭，因为不给孩子拍照意味着家长的失职。这种行为与社会定义的评价挂钩，让很多家庭哪怕很少使用相机也会在孩子出生之后尽快购置一台以求心安。通过照相，每个家庭都建立起自身的肖像编年史。由于拍照使人假想拥有一个并非真实的过去，因此照片也帮助人们拥有他们在其中感到不安的空间。广告具有同样的功效，比如宣传海报上一个充满男子气概的硬汉形象英俊潇洒，牛仔打扮，旁边是万宝路香烟的烟盒。这暗示着人们只要消费这款产品，就可以拥有同样的男子气概。

在人类社会发展的漫长历史长河中，符号利益就像物质一样客观存在着。我们会对使用某种商品的人带有尊敬，从民俗古语中的“以貌取人”“先敬罗衣后敬人”可见，不同文化不同语言有一样的认知。布尔迪厄把文化阐释为一种具有特殊的积累法则、交换法则与运行法则的资本形式。他认为，权力的实施需要合法化，符号形式能够在既建构又维持权力结构中起到积极作用。没有人透过照片发现丑，但很多人透过照片发现美。相机除了用于记录，或用来纪念社会仪式外，还用来寻找美。[①]那么对于美和丑，不同文化中的界定千差万别，但不可否认的是，哪怕审美规则千差万别，但经不同审美标准筛选出来的内容具有趋同性。这大概是人类共有的基因所决定的。那么跨文化传播过程中的视觉修辞具有哪些研究方法、类别、功能和现实价值呢？

带着种种疑问，本章试图从分析视觉文化的方法、视觉修辞的特征以及广告中修辞的类别三个方面去探索跨文化传播中视觉修辞占据的一席之地。

一、分析视觉文化的方法

以一幅画为例，我们在观察画中人物、景色、色彩、笔触的时候很容易从诠释学的角度去分析，去解读绘画者的心境场景、情绪延展、情感表达，以及不同的符号代表的含义。我们带着自身母体文化赋予的价值判断和事物观察方法，自然进入理解绘画者表达的意境并揣测一个完整故事。当然，大多数画展都会在一幅画的旁边标注属于这幅画的创作背景，不少参观者表示，自己的理解和文字说明相差甚远，这便是一厢情愿的阐释学方法和专业知识背景下的阐释的差别。我们很容易理解用阐释学和现象学来解读社会现象，那么如何用结构主义的方法来解读社会现象呢？

马尔科姆·巴纳德在《理解视觉文化的方法》一书中提到两种具体的方法：一种是以现象学和阐释学的研究对象为基础的方法，另一种是以结构的对象为基础的方法。前者强调理解过程中个体意识的作用，或是理解个体所做的某事或是理解在个体身上所发生的某事。无论是哪一种方法，它都是特定的、蓄意的、历史的和固定空间内的个体意识的产物。结构的方法强调理解过程中结构的作用，理解是诸结构的产物。由于结构提供了现实得以次序化的二分法概念，因此，不同于阐释的方法是建立在个体基础上或自我意识基础上的，持“结构的方法”理论的学者认为：个体存在着一种感觉，而在这种感觉中，个体本身就是结构的产物而非先于结构而存在的实体的产物。

同样，我们以一幅画的解读为例，如何从结构的视角去理解视觉修辞，这背后有着一系列规约和惯习。人的日常生活必然依托于一定的社会结构、社会组织和社

---

① 福克斯·塔尔博特 1841 年用来申请照片发明专利权的名字叫卡罗式照相法，德语 Kalos，意思是“美”。

会运行机制，基于此，我们在解读同一幅作品的时候，不同文化群体之间就会产生巨大差异。以微软一则广告为例，核心诉求是启发孩子的创造力，一列排队的孩子脑海当中浮现的未来景象是自己成为不同的“人物”。这组广告片在美国推出时，孩子们未来的理想职业包括：工程师、修理工、厨师、运动员、消防员和警察；但同一则广告来到中国呈现出来的职业范本是，医生、律师、科学家、明星、企业家、金融家等。

在中西关于社会成就和个人成功的价值序列当中，对于目标消费人群即中等收入以上家庭的父母而言，微软在美国投放的广告中，孩子未来的理想职业自然不能匹配中国家长对孩子未来的理想职业的设定。不管是从物质回报还是从社会地位上考虑，这则广告必须调整具体的影像呈现和文本内容。那么，从结构主义、阐释主义去解读视觉文化，我们会发现：跨文化传播的动力源于不同社会结构之中的社会动员、社会中心化和去中心化的实践需求，而跨文化传播正是异文化族群、国家、社会组织之间互动的道具之一。

（一）结构主义传统

弗里德里克·詹姆森将结构主义研究称为关于以下问题的研究：无意识的价值体系或表征系统，这个体系使社会生活的任何一个层面都井然有序，而且个体有意识的行为和事件都据此而产生并且可以理解。[①] 由此，詹姆森认为个体及其行为和意图非但不像阐释学所说的那样是理解的依据，反而应该是特定理解的产物。在结构主义者看来，“所有有意识的思想都产生在一个给定的模式范围内，并在特定意义上受其决定”[②]。对结构主义者而言，个体意识本身就是诸结构的某种产物。站在这个角度，我们就不难理解绘画、照片、电影、海报、广告片特有的构图，在西方文化之中被认为是理所当然的影像，在东方却让人费解。东方以其独特的文化吸引着西方人士前往探寻、阐释、解读。这其中不乏西方中心主义和霸权主义，西方在日常消费中完成了对东方世界的同化和结构整合。一种结构主义认识方法很可能看上去与一种阐释学认识方法完全对立，但在实践当中却是互相支撑的。社会秩序是某种必须建构的事物。基于此，结构主义传统中对于视觉修辞的解读具有必然性。下面我们将根据维柯、詹姆森和布尔迪厄三位学者对结构主义的解

---

① JAMESON F.The prison-house of language: a critical account of structuralism and russian formalism[M].Princeton: Princeton University Press,1972:101.

② JAMESON F.The prison-house of language: a critical account of structuralism and russian formalism[M].Princeton: Princeton University Press,1972:102.

读进一步介绍结构主义传统的理论溯源。

1. 维柯对结构主义的解读

维柯的解释是关于人类历史各个阶段社会活动的解释。维柯撰写了三个时代：神的时代、英雄的时代和人的时代。[①] 在神的时代，人受到神的统治；在英雄的时代，人们只是生活在贵族统治下的庶民；而在人的时代，人们建立了他们自己的政府和君主制国家。同样，其中每个阶段都有着一些基础知识和具有典型性的观念体系，这些知识和观念体系看起来很像是早期的意识形态。维柯谈到一些他认为是毫无疑问的真理："文明社会的世界确实是由人类创造出来的，所以它的原则必然可以在我们人类自身心灵的各种变化中找到。"[②] 维柯的著作之所以被认为是结构主义的，有三个原因：第一，在《新科学》中，维柯试图找到"周期性发生的模式或事件的结构"[③]。例如，维柯因此而提出，"所有民族，无论是野蛮的还是文明的……都保持着下列三种人类的习俗：（1）所有民族都具有某种宗教；（2）所有民族都举行隆重的婚礼仪式；（3）所有民族都埋葬死者。"[④] 所有这些习俗对一个社会来说既非偶然的也不是附带的，可以称他们为结构性的。只要人类社会存在，就会有这些习俗。第二，维柯一直都在寻找各种民族的历史势必要经历的那些"主要的和重复出现的时代或阶段"[⑤]。这些共同的阶段是人类精神和习俗之间关系的产物，那些观念正是形成于这一关系之中，而且观念的秩序必须遵循习俗的秩序。[⑥] 第三，维柯对不同民族的神话学以及各民族用来理解自己世界的"诗化的想象力"十分感兴趣。[⑦] 他说人类的原始的初民都是诗人，这里维柯指的是他们是富有创造性的——他们像创作他们的诗歌那样创造了他们的世界。[⑧] 这样的诗歌和神话是由"诸想象的类型"创造出来的，可以用它们解释人类世界的各种类型。[⑨] 维柯的结构主义观点让我们看到了跨文化传播的逻辑起点和视觉修辞的共性起源，人类社会具有一定程度的共性，这种共性可以通过视觉影像的方式表达，进而建构沟通的起点。

---

① VICO G.The new science of giambattista vico[M]. 3th ed.Ithaca:Cornell University Press, 1968:69.
② VICO G.The new science of giambattista vico[M]. 3th ed.Ithaca:Cornell University Press, 1968:69.
③ BOTTOMORE T， NISBET R. Structuralism[M]. London: Heinemann, 1978: 563.
④ VICO G.The new science of giambattista vico[M]. 3th ed.Ithaca:Cornell University Press, 1968:97.
⑤ BOTTOMORE T， NISBET R. Structuralism[M]. London: Heinemann, 1978: 564.
⑥ VICO G.The new science of giambattista vico[M]. 3th ed.Ithaca:Cornell University Press, 1968:78.
⑦ BOTTOMORE T，NISBET R. Structuralism[M]. London: Heinemann, 1978: 565.
⑧ VICO G.The new science of giambattista vico[M]. 3th ed.Ithaca:Cornell University Press, 1968:117.
⑨ VICO G.The new science of giambattista vico[M]. 3th ed.Ithaca:Cornell University Press, 1968:22.

2. 詹姆森对结构主义的解读

詹姆森认为结构主义的目标是寻找心灵本身的永恒的结构，寻找心灵赖以体验世界的或把本身没有意义的东西组成具有意义的东西所需要的那种组织类别和形式。通过它们，心灵能够感受这个世界，或能够在本质上无意义的事物中建立一种意义。[①] 在结构主义中，意义是某种必须被“建构”的东西，是结构中某一阶段的结果或产物，是一系列有组织的要素。这样一种关于意义的解释完全不同于阐释学对意义的解释，从阐释学角度看，意义是个体意图的产物。而结构主义者詹姆森却认为，意义是结构作用的产物。维柯认为，观念的秩序必然追随秩序的秩序。[②] 这种观点与卡尔·马克思（1818—1883）的著作中的观点基本相符。也可以认为马克思是一种类型的结构主义者，因为他坚持认为社会生活必须用阶级社会的结构来加以认识。根据马克思的解释，阶级也可以成为结构，人类的活动和历史在这个结构中应该看作有意义的和可认识的。基于此，我们看到了关于结构主义的另一种学说支持，它也支持着人们在不同的社会环境和文化背景中理解共同的结构和理论。

3. 布尔迪厄对于“习性概念”的结构化理解

在布尔迪厄的理论话语中，习性是关于行为的文化理论。1966 年，布尔迪厄认为习性是“持续的、可以转换的倾向系统，它把过去的经验综合起来，时刻作为知觉、行为的经验母体发挥作用，依靠各种框架类别性的转换，‘习性（惯习）’使千差万别的任务完成成为可能”[③]。但是，在 1980 年，他给出的定义是全新的、结构化的：“可持续的、可转换的倾向系统，倾向于使被结构的结构（structured structures）发挥具有结构能力的结构（structuring structures）的功能，也就是说，习性发挥着产生与组织实践和表述的作用，这些实践和表述不以有意识的目标谋划和必要的操作手段为前提，但在客观上能够与其结果相适应。”[④]

习性是一种深层次的结构性的文化母体（deep-structuring cultural matrix），它根据不同的阶级机会产生自我实现的预言能力。布尔迪厄对于不平等教育机会的“文化的”解释不同于责备牺牲者的那种所谓贫困的文化观，这种文化观强调个体对于

---

① JAMESON F.The prison-house of language: a critical account of structuralism and russian formalism[M].Princeton: Princeton University Press,1972:109.

② VICO G.The new science of giambattista vico[M]. 3th ed.Ithaca:Cornell University Press, 1968:78.

③ 在《1960 年的阿尔及利亚》（1979:vii）中，布尔迪厄把习性界定为“一种可持续的、可转换的倾向系统，它作为结构化的、客观统一的实践的发生基础而发挥作用”。

④ 文九．文化政治经济学视野下的关键概念辨析——对布尔迪厄的“资本”“场域”“惯习”概念的解析 [J]. 湖南科技学院学报，2009，30(3):232-234; 转引自 PIERRE B. The logic of practice[M]. Stanford: Stanford University Press, 1990: 53.

有限机会的适应。它表明阶级的结构劣势如何能够被内化为相对持久的倾向，这种倾向则能够通过社会化而在代与代之间传递并产生自我挫败的行为（self-defeating action）。这就解决了文化主义与结构主义之间关于贫困的起源与持久循环的论争。[①]从这个角度，我们就理解了为何中国孩子看到消防员、电焊工这类职业会条件反射地认为“不够成功”，广告片中的视觉形象必须替换为“科学家”“大学教授”“医生”这类职业。

（二）阐释主义传统

研究人类活动和研究自然现象之间的差别是什么？吉登斯认为：对人类活动的理解可以（而且必须）通过抓住产生那一行为的主观意识来进行，而对自然现象的解释只能是从因果关系角度“从外部”来进行。[②]跨文化传播具有显著的人为要素，从而站在阐释主义的传统视角解读视觉修辞具有实践的正当性和理论的必然性。布尔迪厄在借鉴韦伯宗教社会学的基础上，提出“所有的行为都是与利益相关的，包括符号的追求（symbolic pursuits）”。他把计算的逻辑扩展到“所有商品，物质的与符号的，它们都毫无例外地被表征为稀缺的，在一个特定的社会结构中值得追逐的”。以图像增值和美学资本主义为例，传统西方贵族定义着美和审美情趣，将影像符号与美绑定，这一刻视觉修辞就具有了权威话语的评价系统。当艺术欣赏绑定了符号解读和文化资本主义，当今消费社会之中的广告影像自然可以绑定视觉图片的不断增值和美学资本主义。从阐释主义的传统看，这是一种对视觉表层话语解读的权力，同时还是制定话语体系规则和美的评价指标系统的系统。

1. 阐释学的起源

阐释学起源于宗教文本的分类和解释。哪里有不同基督教圣经版本的存在，或者哪里有相互冲突的基督教福音书的存在，哪里就有确定权威性版本的需求。人们需要解释和确认圣经或福音书的真正意义和特定文本的权威性版本，而当时的释经学只是一种工具而已，通过这个工具来确定真正的意义和权威性版本。[③]最早的阐释学，从学术理论和知识精英的角度来看，起源于文本，而我们谈论的修辞学一样面对的是文本，无论是口语形式还是书面形式。我们在本书中谈论的视觉修辞，是区隔于文本之外的另一种符合现代人理解习惯和信息接收形式的影像修辞。虽然在

---

① 斯沃茨．文化与权力：布尔迪厄的社会学 [M]. 陶东风，译．上海：上海世纪出版集团，2005：113-121.

② GIDDENS A. New rules of sociological method[M]. London: Hutchinson University Library, 1976: 55.

③ BAUMAN Z.Hermeneutics and social science:approaches to understanding[M]. London: Hutchinson University Library, 1978: 7.

文艺复兴时期，大量的绘画也兼具视觉修辞的意蕴，但是从面向整个社会族群普及的视角看，这一使命必然需要大众媒介，尤其是电视、电脑、手机和互联网来完成。

在 14—16 世纪，艺术家被视作工匠和手艺人，他们只做富有赞助人的生意，而赞助人对他们所雇用的手艺人的个人意见并不感兴趣。正如鲍曼所言，这些工匠受"缺乏个性特征的中世纪行会规则的制约"，没有人对他们的意图或"私人情感和想象力感兴趣"[①]。随着资本主义的发展，当诸如教会、宫廷和贵族阶层的传统市场走向衰落而新的市场以新的社会阶层的形式逐渐兴起时，中世纪行会制度开始瓦解。在 18 世纪末，康德哲学证明是非常关键的，因为它强调主体在感知和理解方面的积极和基础的作用。基于此，我们可以理解阐释学实则是基于个体本身对对象形式的解读，这种形式可以是文本、图片、影像等。[②]

在康德之后，18 世纪末，阐释学变成了一个如何理解艺术家在艺术作品中表达意图的问题。阐释学之所以变成问题的一部分，是因为不仅艺术家，而且阐释者也被认为具有自己的意图。这些意图可以理解成思想或想法，是个人对于世界的信仰、希望、恐惧和渴望，而且其内容可以是某个人在任何时候的所思所想。从阐释主义角度看，这些思想和想法将随着个体的变化而变化。

2. 阐释者作为主体概念的引入

阐释者生活的世界与作者生活的世界之间有差异，"介于两者之间的历史发展是一个陷阱，它将不可避免地使理解力陷入困境，除非历史发展所产生的影响是中性的"[③]。林格认为，阐释者自身立场中立化或净化，目的是使阐释学成为一种"工具"，并确认理解与科学认识是一致的。认知者自身当前的处境通常被认为具有负面作用，含有阻碍有效理解的偏见和歪曲的根源，这恰恰是阐释者必须超越的东西。

因为人们在历史中所接受的洗礼并非某种可以被中性化的偶然事件，这些经历本身塑造了人们目前所处的状态。我们自身在生活世界中的境况就是我们目前的身份。在某种意义上，我们就是我们关于这个世界的认知，在这个世界中我们认识了自身。从跨文化传播的角度来看，不同的文化和不同的族群制度之间之所以会发生冲突，是因为生活在不同文化和族群中的成员对于同一件事情的发生、发展、变化、结果的阐释完全不同，他们只能根据自己以往的经验去判断，很难站在他者的视角，

---

① BAUMAN Z.Hermeneutics and social science:approaches to understanding[M]. London: Hutchinson University Library, 1978: 8.

② BAUMAN Z.Hermeneutics and social science:approaches to understanding[M]. London: Hutchinson University Library, 1978: 9.

③ GADAMER H G. Philosophical hermeneutics[M]. Berkeley: University of California Press，1976: 14.

甚至不可能站在他者的视角，因为每一次之前的经历造就了现在的个体。内文化在一次次确认身份的同时也在向外来者昭示着其不容侵犯、更改、动摇的认知。

3. 伽达默尔对“偏见”的阐释

伽达默尔认为视觉文化的阐释学能从视觉文化中认识到自身的哲学情境。这样的阐释学群体是通过他们对视觉材料的认识形成的：这种认识就是使他们成为他们所是的那些要素中的一个。在伽达默尔的结论中，所有的方法，所有的“科学”技术都不能使我们从生活世界中解脱出来。这意味着阐释学附着在构成有关外部世界认识的那些意图之上，这种对外部世界的认识反过来又使阐释学成为它自身的一部分。“任何要求我们克服我们自身现实存在的关于理解的（科学的）理想，只有建立在我们自身的历史性是一种偶然这一假设上才是可理解的。但是如果它不仅仅是一种偶然和主观的条件而是一种目的论的条件，那么认知者自身的现实境况就已经在本质上被卷入了任何一种理解过程。”① 从这个角度我们就能理解广告中使用的角色为何是生活中人们崇拜的、向往的或者约定俗成的。以某酱油品牌为例，为了突出其味道鲜美，广告显示一道菜上来一家人除了做饭的妈妈之外全都拿着筷子吃饭，等女主人准备吃饭的时候她发现每道菜都被吃光了。在亚洲文化当中，女子的贤良淑德和人生成就体现在安排好家人的一日三餐上，哪怕家人吃光了所有的饭菜、没有等待女子一起吃饭，女子依然感到高兴，而非西方文化中的“不尊重女性”“女性在家庭中是保姆角色定位”等解读。

在日常用语中，偏见是不公正的、不真实的和讨厌的观点的根源。但是伽达默尔的偏见是指我们全部经验能力的最初导向。一个现代人的见识和她生活的世界并不会成为她理解 14 世纪农民的障碍，而会成为她理解的出发点。理解并不是从一个当今单一的视野移动进入往昔单一的视野，它是进入一种更宽阔的“高层想象”的视野。偏见具有一种多产的力量，承认这种力量“似乎将伽达默尔置于一种与阐释学的无偏见客观的科学理想直接对立的一面”②。所以伽达默尔的学说只是阐释学传统解释的一种变体。它描述了一种传统，伽达默尔最终明确要求该传统自身应该与科学，以及那些自认为非常实证的社会科学所规划的事业保持距离。笔者认为，伽达默尔的学说告诉我们社会科学因其自身具有“人”的属性，无法完全像自然科学那样追求实证主义，追求其内在的规则逻辑。

综上所述，由于社会科学研究的是意义，重在解释，而自然科学研究的是规律，

---

① GADAMER H G. Philosophical hermeneutics[M]. Berkeley: University of California Press，1976: 16.

② GADAMER H G. Philosophical hermeneutics[M]. Berkeley: University of California Press，1976: 17.

重在揭示内在原理。因此关于视觉文化的研究方法也要侧重于对意义的阐释和解读。用格尔茨的观点来总结[①]：基于马克斯·韦伯所提出的人是一种悬浮在由他自己编织的意义之网中的动物，我将文化理解为这样的一些意义之网，因此对于文化的分析不属于一种探索规律的实验性科学，而属于一种探索意义的阐释性科学。

二、视觉修辞的特征

视觉修辞是一种人为交流的产物，是话语发出者在使用视觉符号进行交流时所产生的实际图像或对象物。它是创作行为的有形证据，如绘画、广告、照片或建筑物。作为人工制品的视觉修辞需要有目的地生产或安排色彩、形式、构形和其他元素，以便与观众交流。视觉修辞这一修辞话语依赖于词语或文本以外的形式来构建其意义。

修辞起源于古希腊，从古希腊雄辩术中就可见一斑。中国传统的修辞学研究主要集中于对词汇、文法等的探讨上，汉语修辞、叙事修辞、口语修辞等研究硕果累累。[②]国内当代视觉修辞研究在批判性吸收国外修辞学的基础上，已经逐步形成较为完备的研究体系。时间线上，冯丙奇教授率先清晰地总结了西方初期有关视觉修辞的理论，并界定了视觉修辞概念，即为了达到最好的传播效果，传播者对传播中运用的各种视觉成分进行选择与配置的技巧和方法。[③]伴随着社会的发展，修辞学也有了新的转向，不再单纯局限于对语言学的研究，而是与其他学科不断融合，形成了以图像为主要研究对象的视觉修辞学。“视觉修辞是非语言修辞学的一部分，视觉修辞被认为是一种修辞技术，它是指一种借助图片、影像等视觉符号以实现人类传播意图的修辞方式。”[④]伴随着技术的发展，视觉修辞研究的讨论对象不再局限于静态的“图”，开始涉足各种影像，逐步开始形成相对完整的体系，“视觉修辞研究的对象是一个完整的修辞交际系统，它包括修辞者、交际对象、修辞手段、修辞方法、修辞规律、修辞效果，包括了对视觉修辞文本的理解和认知过程”[⑤]。

以历届奥运会的吉祥物为例，各举办国选取的都是具有本国文化特色的形象，有的广受欢迎传播到全世界，具有极高的识别度和认知度，有的却出于传播能力有

---

① 巴纳德 . 理解视觉文化的方法 [M]. 常宁生，译 . 北京：商务印书馆，2005：47–49.

② 刘涛 . 环境传播 : 话语、修辞与政治 [M]. 北京：北京大学出版社 , 2011.

③ 冯丙奇 . 视觉修辞理论的开创——巴特与都兰德广告视觉修辞研究初探 [J]. 北京理工大学学报（社会科学版），2003, 5(6):5.

④ 刘涛 . 媒介・空间・事件 : 观看的“语法”与视觉修辞方法 [J]. 南京社会科学 , 2017(9):100–109.

⑤ 刘涛 . 何为视觉修辞——图像议题研究的视觉修辞学范式 [J]. 湖南师范大学社会科学学报 ,2018,47(6):1–11.

限或者传播经费等问题，受众寥寥。吉祥物的选取和形象建构也是一种文化面对他者文化的强自我归属感的探寻和追溯过程，当一个吉祥物 IP 被创造出来之后，相应的故事、形象展现纷至沓来，其中可以运用的修辞方法有语言修辞、文本修辞、空间修辞等。

（一）视觉修辞的视觉基础

话语修辞发生在人与人即时交流过程之中，具有时空的排他性。随着媒介技术的发展，人们可以打开电脑看图像，同时用手机在线聊天。媒介技术给予了人交流的便利，聊天中的话语修辞具有一对一的排他性，至少在注意力层面具有瞬间的排他性。与此不同的是，视觉修辞可以作为符号对环境进行建构和呈现。从话语修辞发展到视觉修辞，我们通过研究看到了将传统修辞学的元素转化为适用于视觉修辞学的元素的形式，如元短语、论点、热情、民族精神、证据、叙事和静止。同时，这些研究推动修辞学理论处理一套全新的视觉结构，如颜色、空间、纹理和向量。一个一度局限于线性语言符号的修辞学理论，由于研究者考虑到了意义的视觉单位，因而发展成为一个具有多维性、动态性和复杂性的修辞学理论。

视觉修辞面临的首要问题是视觉性，也就是视觉图景及它存在的基本逻辑。① 视觉修辞的问题并不是简单的影像问题，而是隐蔽在其背后的力量选择和决定了它以什么样的形式出现的问题。② 批判学派的阿尔都塞、阿多诺、本雅明等人从意识形态、资本工业等角度剖析了视觉背后的控制和规训，说明视觉力量就是在多重权力制衡中被征用、消解的。同时，视觉修辞的核心问题面向修辞的本质。关于“说服观”“认同观”“生存观”之间的争论一直存在。北京大学陈汝东教授主张从媒介发展与修辞发展的动态关系中寻找修辞本身，并强调修辞是人类传播行为及实现人类意图的一部分。③ 与此同时，对视觉修辞术的研究，即对视觉修辞语法的研究一直是贯穿于修辞学的重要课题。罗兰巴特在《影像的修辞学》中指出视觉符号下的意义建构，即视觉修辞的关键作用是建构视觉符号背后的含蓄意指，因此现下的视觉修辞主要研究视觉符号本身所构建起来的意义并进一步探讨修辞使用的策略。④

① 刘涛．视觉修辞何为？——视觉议题研究的三种“修辞观”[J]. 中国地质大学学报（社会科学版），2018, 18(2):155–165.

② 金元浦．视觉图像文化及其当代问题域 [J]. 学术月刊 , 2007, 39(5):4.

③ 陈汝东．论视觉修辞研究 [J]. 湖北师范学院学报（哲学社会科学版）, 2005, 25(1):7.

④ 刘沛彤 , 朱子硕．图像之框 : 基于罗兰巴特视觉修辞的含蓄意指——以新媒体纪录片《人间世》为例 [J]. 采写编 , 2021(7):2.

以跨文化传播中的电影海报为例，在人类跨文化传播的历史长河中，故事多以文字和绘画的形式散播，而图画又是比文字更为直观形象的表意方式。在语言不通的情况下，他者文化中的族群会站在自身角度解读图画本身的含义。电影作为桥接媒介内容，具有显著的跨文化传播的必要性和可能性。同一部电影在不同的文化语境中会产生完全不同的社会评价和效果。

在跨文化传播的各类影像中，视觉图像作为符号的一种，无疑被包含在了修辞研究的范围内，视觉图像可以通过画面、声音等众多功能描述、阐释情景，更能够传输思想、情感和态度。视觉图像通过一定的符号组织策略，达到吸引受众注意力、引发情感共鸣的效果，在跨文化传播的数字广告中，视觉修辞的运用与实践使得许多抽象化的概念由具体的视觉形象所展示，视觉形象具有直观性与生动性，更加简洁易懂，更易拉近与受众的距离。

（二）视觉修辞的意义发生

如果说目前视觉修辞研究的落脚点是“图像的意义表达”问题，那么如何将图像符号与意义表达两者有机结合起来？查理斯·希尔在《定义视觉修辞》一书中提出了“视觉修辞”说，意在解决这个问题。他指出，图像符号具有“视觉劝服”功能，它的作用机制表现为：图像以一种看不见的方式制造某种劝服性的修辞意象，从而让受众产生情感认同反应。[①] 但面对图像刺激时，受众的第一反应只是暂时的情感，真正有效的视觉劝服需要使用特定的修辞策略，如转喻、象征、隐喻、互文等，从而使人产生一种持续的自反思维，进行实现图像符号向视觉意象的转变，视觉意象向价值无缝转化。[②] 也就是说，以视觉意象为中介，图像对受众的刺激，实现了视觉意象转化为思维活动。这种视觉修辞理论与视觉心理学家阿恩海姆的视觉思维理论吻合，他认为视觉意象是连接感性与理性、感知与思维、艺术与科学的桥梁，唯有以“视觉意象”为媒介，图像文本的视觉“感知”才具有了“思维”的可能。[③] 刘涛提出视觉意象具有三种样态：原型意象、概念意象、符码意象。三者由表及里，由抽象到具象。以下三个例子可以帮助我们解读视觉意象的三种样态。

案例 1：春运的视觉意象

原型意象是“家”。

① HELMERS M, HILL C A. Defining visual rhetorics[M].Mahwah:Lawrence Erlbaum Associates,2004.

② 李荃 . 隐喻的解读 [J]. 当代修辞学 , 1996(1):34–35.

③ 汪振城 . 视觉思维中的意象及其功能——鲁道夫·阿恩海姆视觉思维理论解读 [J]. 学术论坛 , 2005(2):5.

概念意象是“春运”。

符码意象是“绿皮火车、火车站的大小背包、泡面、高铁等”。

人们最终看到的是符码意象，并通过符码意象倒推出原型意象“想家”“思乡”“团圆”“家文化”。我们将“春运”的概念意象传递到跨文化场域中，让外国人理解中国人的春运概念，这似乎非常难。

案例 2：对平台司机审核严格的视觉意向——《是审核就该如此严格》

原型意象是“父母之爱女”。

概念意象是“父母审查准女婿资质”。

符码意象是“车钥匙、房产证、银行卡、学历证书、名人合影”。外国人接收到的中国人的原型意象是“中国女方父母见女婿只看重物质条件和外界评价”。但中国人依据传统文化的理解就是“嫁汉嫁汉，穿衣吃饭”，父母见女儿男朋友审核物质条件严格一些是为了保障女儿的幸福，这很正常。

案例 3：微软“承诺”幸福人生广告片中的视觉意向

原型意象是“孩子的创造力和梦想”。

概念意象是“成材 = 成功 = 成就 = 幸福快乐的一生”。

符码意象是“小孩子头脑当中思考未来的职业有修理工、物业管理员、工程师和消防员”，而这一符码意向来到中国被替换成了“律师、医生、大学教授和运动明星”。不同的符码意向在不同的文化背景下代表着不同的含义。

在视觉修辞方面，受众在观看影像时，影像会刺激到受众，从而使他们产生对视觉文本的解读。视知觉作为人体器官是接收外界视觉信息的渠道，眼睛提供给个体可供解析、记忆的视觉信息，视觉意象便是由视知觉的反应与认知构成的意象，对视觉意象的分析属于视觉修辞的一部分。①

在跨文化传播的电影、广告、影像中，我们可以看到，演员通过赋予视觉文本中各种视觉元素情绪倾向和主观判断，体现其自身的情感和价值观，以此拉近与受众的心理距离，这些聚集起来就构成了人们脑海中共有的视觉意象。根据修辞学的劝服说，视觉劝服是视觉修辞最核心的内容，因此，视觉劝服决定了图像符号在传播过程中的功能，而视觉意象恰好是视觉修辞行为发生的媒介和基础。

如何对视觉修辞的效果进行评估？一些学者根据人工制品是否完成其表面功能的标准来评估人工制品。例如，一件艺术品的功能是纪念某人，那么这种评估将有

---

① 李红 . 视觉之势：论视觉修辞的活力之源 [J]. 新闻大学 , 2018(4):6.

助于发现它的颜色、形式和内容是否真正完成了这一功能。其他学者选择通过仔细检查符号本身所执行的功能来评估视觉符号，反思其合法性或合理性。如何对视觉修辞的效果进行评估？根据视觉修辞符号本身所执行的功能的含义和结果。如果符合当时社会的伦理道德，这件艺术品便会出现在祭祀、壁画、雕刻之中，拥有较高的社会评价和审美认定。关注评价，就像关注本质和功能一样，它也有可能改变修辞学理论。人际或小组层面上的话语通常是根据听者在接触到说话人的信息后是否改变了听者所希望的方向来评估的。如何将这样一标准应用于视觉修辞中，可能会让观众感到困惑，目前尚不清楚。

（三）视觉修辞的文化属性

在跨文化传播中，面向空间的、非线性的、多维度的和动态的人类体验，只能通过虚拟图像或其他非歧视性符号来传达。要理解和表达这些经历，就需要注意这些符号。视觉符号的普遍性及其对当代文化的影响，让学者们普遍关注视觉修辞的文化属性。而视觉符号需要视觉作品来承载，视觉作品本身就构成了修辞环境的主体，因此，忽视视觉修辞只关注口头对话意味着传播是缺失语境的。在同一文化语境中的传播都会造成误解，更不要说在不同语境中传播了，所以跨文化传播中更需要关注视觉修辞背后的含义。

在研究修辞学的悠久历史过程中我们发现，话语结构理论一直处于意识形态霸权地位，它将研究领域界定为语言这一人为产物，表明视觉符号微不足道，并在很大程度上忽视了我们现实世界、符号世界的影响。为了应对视觉修辞的普及，需要获取多元的、多维度的人类社会经验以及丰富的修辞理论，修辞学者们正在分析照片、图表、室内设计和建筑、雕塑、电影、宣传片、纪录片等。

视觉修辞在兼具文化属性的同时也承载着意识形态功能，这些功能以特定的方式建构了观众的身份。狄更斯（Dickinson）和麦伦·毛姆（Malone Maugh）[①] 在分解天然橡木市场时发现：用天然橡木装修的空间不仅会使消费者视觉认知上有舒适感，而且会激发消费者对大自然和橡木来源地多维度的感官体验。因此，空间中的视觉修辞可以唤醒人们的嗅觉、触觉、味觉。卡斯顿·坦格（Kaston Tange）对维多利亚时期艺术书籍中的图像进行的分析突出了类似功能。例如，包含平面图、家具图片、窗户处理图以及如何摆桌子的图表的书籍，不仅为读者提供了设计他们想要

① CHARLES A H, HELMERS M.Defining visual rhetorics[M]//GREG D, CASEY M M. Placing visual rhetoric: finding material comfort in wild oats market.New York:Routledge,2004:76–94.

的家的指导，而且帮助读者创造了对家的渴望，从而促使他们成为中产阶级。这类以功能为重点的研究有能力改变修辞理论，因为它们鼓励对更广泛的符号功能进行概念化。尽管话语修辞学可以在人际交往中发挥很多作用，但修辞理论更偏重于“说服”功能的研究，人们应用不同修辞符号，旨在改变受众的认知、态度和行为。对一件艺术品往往会有无数的解释，千差万别的解释一方面限制了它的说服力，另一方面也增加了它的表达潜力，不同的解读使它具有更富参与性、包容性的功能。① 因此，对视觉修辞的研究有助于将修辞理论从关注改变他人的说服功能转变为关注符号所传递的信息解读的参与功能，在不同信息接收者的共同参与中创造出无限变化的阐释，即实现信息修辞的价值共创。

以尿不湿这一产品进入中国市场的广告语为例，最初像在西方市场获得成功的广告语一样，广告语强化让妈妈省事省心的品牌诉求，但是通过社会调查他们发现，东方女性以孩子为重，如果仅仅为了自己省事省心而让孩子使用尿不湿产品似乎会被责难为一个“不负责任的妈妈”，随后，广告语被改成了“孩子更舒适，妈妈更放心”，这样的品牌主张才逐渐为社会大众所接纳。同样一个新生事物，同样一种功能诉求，立场不同，表达会截然不同。这便是修辞学的作用，也是跨文化传播中视觉修辞具有的强文化属性。

（四）视觉修辞的双重要素

视觉修辞具有呈现要素和建议要素。识别一件艺术品所呈现的要素包括命名其主要的物理特征，如空间、媒介和颜色。建议要素的识别是一个发现概念、想法、主题和典故的过程，观众可能从呈现的要素中可推断出这些概念、想法、主题和典故。例如，巴洛克式建筑上装饰华丽的金叶可能暗示着财富和权力。对呈现要素和建议要素的分析有助于我们理解图像的交际要素，从而理解图像对受众可能具有的意义。以广告中性别环境的创造为例，创造性别化环境是基于图像广告的主要策略。在亚洲国家很多广告当中，尤其是家居产品、家用产品广告中多突出女性的贤惠，如好太太晾衣架、抽油烟机、洗洁精等；而以男性顾客为主的产品的广告当中，以汽车为例，女性多是窈窕多姿的伴随者角色，她们是广告画面中凸显男性成功和地位的装饰品。呈现要素强化性别特征，建议要素就是广告向消费者推荐的产品本身。与此同时，在一些与环保、健康理念明显相悖的产品当中，广告需要克服受众的抵

① FOSS S K, GRIFFIN C L.Beyond persuasion: a proposal for an invitational rhetoric[J].Communication monographs, 1995,3(3):3–19.

触心理进而传播自身产品或品牌，如香烟只能在企业形象广告中展示，如白酒广告多以“送礼”“团聚”“婚宴”等仪式感较强的形式展示，在庆典和仪式当中，视觉修辞就具有了强建议要素功能，进一步突出产品的不可或缺性。

视觉修辞具有象征性，需要人为干预，并且呈现给观众。视觉修辞是一种符号行为，它所指的形象与指称之间的关系是任意的，与符号不同，符号所连接的对象之间存在着自然关系。视觉修辞还涉及某种人类行为，因为图像的创造涉及有意识地交流，以及有意识地选择以特定的颜色、形式，在特定的媒介、范畴内使用的策略。在广告中，视觉修辞也是交际性的，是有策略、有交流目的和说服目标的传播。视觉元素的安排和修辞不仅是为了情感释放，还是为了与观众交流，即使创作者是图像或对象的唯一受众。视觉制品的功能是传达信息，功能，它不是目的的同义词，目的是图像或对象的创造者想要或期望的效果。对视觉制品采取修辞观点的学者并不认为创作者的意图决定了观看者对作品的正确解读。

三、广告中视觉修辞的维度

视觉修辞是一个新兴的跨学科研究领域，强调以视觉文本为视觉修辞对象的修辞实践与方法。视觉修辞关注的对象已经从最初的媒介图像拓展到一切具有视觉语言基础的事件和空间文本。从文字、图像海报到广播，从电影无声表演到互联网多媒体的影像展示，从户外的建筑物广告牌到主题乐园各种IP形象的情景互动装置物，广告匹配现代视觉修辞理论研究的对象，即具有语言基础的事件和空间文本。

刘涛教授认为，在视觉话语表征体系中，意象生产是一种常见的视觉修辞实践。[①]而广告作为面向大众传播的最普遍、最易懂、最具有全球流通性的影像视频和文本信息，对它的符号选择、色彩运用、叙事框架设置、文本阐释都需要具有明确的对象和最大限度地规避误解。在现实传播案例中，一个外国人对他国的广告文本会感到费解，虽然明白其推销的商品或者讲述的故事，但是不容易被打动。因为具体的广告文本有着明确的地域诉求和受众范围，比如某种语言的广告针对某一具体母语使用者进行传播。研究证明，人们用视觉修辞和讲故事的方式来提高说服力、促进情感或讨论，并在整个说服过程中有效吸引受众。

本节将从作为建构媒介镜像的广告、作为事件文本的广告和作为空间文本的广

① 刘涛.意象论：意中之象与视觉修辞分析[J].新闻大学，2018(4).

告三个维度去解读广告中的视觉修辞。

（一）广告作为媒介镜像的视觉修辞

广告不仅是社会经济的晴雨表，还记录了社会文化和日常生活。以民国时期的商业广告为例，伴随着西方殖民者对民国政治、经济的双重打压，原本的中华文化与西方文化冲撞形成了“和而不同”的融合、创新的文化，中国广告史上留下了重要记录。民国时期的广告浸润着东方文化的含蓄古朴和西方文化的摩登时尚，学者黎英通过民国商标详细分析了民国海报中的民族性要素。陈凌[①]以民国时期上海包装的设计作为研究对象，对图案、文字、装饰、材质等进行论述，得出民国时期包装的设计是受到西方文化冲击却仍立足于民族文化的创新设计。与此同时，民国时期的广告大胆启用女性形象，展现她们各种消费的场景和曼妙身姿，突破了原有传统文化对女性角色的禁锢，从一个侧面反映了女性的解放和地位的提升。

众所周知，媒介镜像是指媒介建构并向世人所呈现的社会现象，与社会真实之间保持一定距离，一方面能反映社会现实，另一方面又是经过美化的建构，经过把关人筛选的信息集合。广告中的视觉修辞与媒介镜像的建构密不可分。一定时期的新闻报道可以建构一个族群的集体记忆和整个社会的历史档案，但是广告中充斥着人们日常生活中的琐碎事情，很难被整合于一个宏大的话语体系当中，所以从广告视觉修辞的视角切入对媒介镜像进行解读，更加接近微观世界的真实历史。

以民国时期上海的画报为例，婚姻对于中国人具有强烈的人生仪式感和宗族使命感。中国女性在婚姻中一直以红色头盖为主要装饰品。但是在民国时期广告中出现了曼陀铃女郎与婚纱女郎的形象。曼陀铃女郎手中有曼陀铃琴，琴体轻巧，声音灵动，在商业广告中作为休闲享受与欢愉爱情的符号。婚纱女郎则身着洁白婚纱，区别于传统婚俗中的红色吉服，这是一种开放自由的婚恋符号，也是冲破旧社会对束缚女性婚姻的枷锁的象征性符号。这些史料是跨文化传播元素在普通人生活中的符号展示和文化意涵呈现，其表现形式不是新闻报道和社会档案，而是生活消费品和社会时尚风潮。由此可见，广告具有建构媒介真实的功能，同时具有再现社会消费文化潮流的史料功能。某一特定历史时期的广告中的视觉修辞，从社会镜像的侧面展现了外来文化对传统内群体文化的从色彩表现、符号叙事、日常消费品到价值判断、世俗规约乃至文化认同的冲击。

---

① 王文广．民国时期商业广告的修辞性研究 [J]. 艺术与设计（理论版），2022(2).

（二）广告作为事件文本的视觉修辞

跨文化传播语境中，广告不仅以文本、图片、影像的形式出现，还以事件的形式出现，这与商品的全球化营销密不可分。在视觉修辞的互动中，意义归于事件的发起者而非解读者。营销活动和艺术品一样，不同的是人工制品的颜色、线条、纹理和节奏为观看者推断图像、情感和想法提供了基础。而事件营销的设计者需要在其推广的区域做大量关于文化背景和事件解读的铺垫工作。

以佰草集公司在法国巴黎埃菲尔铁塔下推出的太极活动为例，其目的是塑造品牌形象和早晚霜产品，营销团队以中国太极教练身着飘逸的太极服饰带领法国人和其他国家游客做太极为营销事件制造话题，吸引媒体报道和社交平台关注，从而引爆舆论。中国化妆品品牌佰草集要想打入强手如云的法国巴黎市场，第一步要考虑的问题是，如何通过视觉形象和包装设计吸引消费者。

在对一系列关于中医和中国文化的名字进行筛选后，佰草集公司选择了西方消费者比较熟悉的、带有具象中国文化符号的字眼，比如“太极”“阴阳”“针灸”“玉手”等，对“太极”和“阴阳”的解释采取了西方人所能理解的“平衡”概念。佰草集公司决定将这些概念植入产品，用图像化的信息传递。有了概念，下一步是“太极泥”产品的问世，佰草集公司营造一种东方神秘主义的品牌联想环境。“太极者，天地之根，变化枢纽也。”太极连接着中国的传统哲学、医术、武术，又吸收了道家、儒家、佛家等文化，各门各派解释其原理时也是千差万别。太极图又是典型的中国文化的象征，接下来是翻译问题。“太极”二字用的是“Tai Chi”这一西方人熟悉的翻译，而不是直接用汉语拼音“Tai Ji”。瓶子上以阴阳图案作为装饰，隐含着中医药的理念，即在被动、寒冷的“阴”和主动、温暖的“阳”之间追求平衡。这一考虑的出发点是，即使西方人不了解太极的含义，也能通过阴阳平衡了解到人体平衡的概念。在产品包装的细节上，佰草集公司在阐述太极泥的功效时，对一些古文从西方人的角度进行意译。比如提到“天人合一”时，意译为当人与环境达到和谐、平衡，才会有好气色。一切以人为本，符合西方社会崇尚的人本主义。

视觉修辞沟通是一个积累的过程，不管是通过图片、影像还是通过活动、事件，接受者、参与者将过往的生活经验和眼前所见、身体所感、耳边所听的证据相融合，从而构建出全新的意义。

在跨文化传播活动中，口语修辞和视觉修辞共同构成了受众的修辞体验。人们身处一个充斥文本、话语、视觉影像、活动的全新环境当中，五官充分感受着品牌被全新设计后输出的信息，此刻，作为事件文本的视觉修辞承载的不仅是广告这一媒介形态，还承载着一种文化、意识形态、意义建构的生态系统。参与者在这一情景中被说服，表面上是视觉修辞的功劳，实则是他们通过全方位信息体验获得了满足，进行了转化，予以了认同。

（三）广告作为空间文本的视觉修辞

一直以来，户外广告被视为建筑空间的一部分，如果刚好可以适配环境、融入情景设置，那么空间载体与广告牌、广告电子屏融为一体，进入环境中的受众会感受到广告的恰如其分。OOH 广告的英文全称是 Out of Home。人们走出家门看到的与广告相关的信息都可以称为户外广告。随着商业模式的发展和技术的日新月异，广告作为空间文本的修辞展示不仅仅限于户外广告。比如，我们所熟知的迪士尼主题乐园和环球影城就是全球化背景下美国文化对世界市场的输出与跨文化传播。早在 2001 年，北京市政府和美国环球主题公园度假区集团签署了合作意向书，直到 2015 年，双方才签署《合资协议》，2015 年 11 月，主题公园项目启动建设。上海迪士尼乐园项目是在 2009 年获批，2011 年由上海申迪集团和华特迪士尼公司合作建设而成。至此，美国迪士尼公司在洛杉矶、奥兰多、东京、巴黎、中国香港、上海等地共建了 6 家迪士尼主题乐园。环球影城也在洛杉矶、奥兰多、日本、西班牙、新加坡、北京等地落地。

经典文化工业占据象征空间，全球文化工业占据真实空间。为什么说迪士尼主题乐园是迪士尼公司最大的户外广告牌呢？因为迪士尼运营的数字影音产品面向全球，并配合着实体空间中的真实场景呈现，影像作品中的虚拟人物、场景、梦幻泡影都能一一与实体空间相呼应，人们跳脱出日常循规蹈矩的生活，仿佛进入电影的奇幻世界。如果说文化工业是造梦的好莱坞，那么梦想成真便是去迪士尼乐园的真实玩乐体验。

第一，我们需要关注的是迪士尼乐园商标带给人们的社会想象是与美国文化价值结构相匹配的。品牌构成了迪士尼对象物（唐老鸭、米老鼠、白雪公主、维尼熊）的核心部分，这些又被凝结于标志图案、影视动画、人物造型之中。公众体验了虚拟环境中的童话世界，这是物给受众带来的核心价值。马歇尔·麦克卢汉将地球村的媒介网络描述为人类感官系统的某种“外抛”或外化。从这个角度来看，这些主题乐园的品牌形象和典型 IP 人物也是社会想象的外抛。这种被压缩的虚拟形象的集合体构成了迪士尼的品牌价值。品牌价值是产品中资本和劳动力投入之外的剩余价值，既包含品牌文化在内的品牌溢价，又包括品牌个性在内的品牌核心价值对受众需求的满足。在全球文化工业版图中，迪士尼不仅拥有强有力的虚拟资本和文化影视作品输出能力，同时还拥有实景 IP 主题乐园的线下体验区，其基础在于生产者和消费者共建的社会想象。其中虚拟空间的影音世界和实体空间的主题乐园相辅相成，虚拟世界负责造梦和幻想，主题乐园负责梦想成真的体验。

第二，为何迪士尼乐园在巴黎建造会被当地人反对？巴黎迪士尼 1992 年建成开业，是全球第四座、美国本土之外第二座迪士尼主题乐园，也是全球亏损最严重的迪士尼乐园。早在 1972 年迪士尼就在欧洲寻觅合适区域来落地欧洲第一个迪士尼乐园项目，最终选中巴黎，但是当地居民不买账。一方面，作为艺术之都的巴黎是欧洲文化艺术中心之一，在众多欧洲国家中一直以优雅的法语傲视群雄。历史较短的美国文化在这里想要改变人们的想法几乎不可能，连用美式英语在巴黎问路都要经常被人微笑拒绝，更何况迪士尼要推广美国消费主义文化，在文化层面迪士尼乐园很难获得巴黎当地人的认同。从开业至今，巴黎当地部分居民依然对巴黎迪士尼乐园各种不屑、抵制。迪士尼公司当初的选址只考虑了人流量、客流量、消费观念和相关旅游优势累积等要素，却忽略了骄傲的法国人尤其是巴黎人内心对美国文化的不屑甚至鄙夷。这种与生俱来的骄傲自大与法国大革命有关，也与长久以来的文化艺术中心地位有关，更关键的是那种传统观念很难被打破。当消费文化进入一个新兴市场，一方面要保证该市场有大量的客源和消费能力，另一方面就是考虑文化认同和消费建构。对比日本也是一个内文化认同感极强的民族国家，为何迪士尼在日本却可以获得超过巴黎的业绩呢？一方面是因为开店的时机，另一方面是亚洲人口基数远超过欧洲。另外，日本在二战之后很长一段时间内都有美国驻军维持秩序，受美国文化影响，客观上造成了日本人对美国的崇拜。但是法国没有类似的经历，在文化等级区隔层面，法国人并不认同美国文化。

第三，从游戏空间视角来看环球影城。如果说迪士尼乐园是童话影业的梦想空间，那么环球影城则是美国经典电影中人物和装置的超大 IP 实景展示区。但一个从小观看美国电影、生活在美国的成年人对环城影城的感受和一个外国人体验环球影城获得的感受是完全不同的，哪怕其中设置了英国魔幻小说哈利 · 波特的大型主题园区，但其基础园区像变形金刚、城市穿越、小黄人等无一例外都是美国好莱坞强推的电影形象或情节。创造叙事和社会想象的是读者、观影者、游览者，而操控“物的文化”的则是游戏者。康德认为，我们永远不能认识在其自身之物，只能认识其外表，而文化工业的使用者或公众与文化实体的关系就是本体论关系。[①]在游戏之中，我们面对的不是空间文本，而是文化对象环境。全球文化工业中的仿真（simulation）脱离了象征，脱离了表征，并以内涵物（intensity）和超现实的形式进入媒介物化的真实。象征是上层建筑，是一系列以资本主义经济和（俄狄浦斯式）核心家庭再生产为目的质疑主体的意识形态结构和文化结构。在象征空间中，意指（signification）通过结构实现，意义由此生成。在真实的荒漠中，意指通过暴力和直观性实现。意义不再是解释学的意义，而是操作的意义，就像在电脑游戏里一样——意义不再是阐释性的，而是行为性的。在各种主题乐园的游戏行为参与过程中，我们体会到了被游戏主题操控、被大型机器设置好的行为体验操控，不知道那是一种快感享受，还是被设定好程序的体验的结构化过程。

综上所述，广告中的视觉修辞维度可以从媒介镜像建构、事件文本呈现和空间文本的社会想象三个维度去理解。在不同的维度里，视觉修辞承载着广告文本，广告中的视觉修辞都对跨文化传播从个人角度、族群角度、意识形态和文化互动角度进行或显性或隐性的编码、解码、译码的操作。我们在跨文化传播之中感受着商业广告的无处不在，同时也在商业广告的视觉修辞里解读分析来自不同文化的元素、符号、故事和结构。

① 拉什，卢瑞．全球文化工业：物的媒介化[M]．要新乐，译．北京：社会科学文献出版社，2010：294.

第五章　跨文化传播的广告叙事

广告是观念或商业信息传播，不管是否叫作“广告”，只要是“观念或商业信息传播”，都是当今意义上的广告。黄合水教授通过实证研究指出，不同历史时期教科书对于广告的定义有明显差别，第一，原始口语时期，广告引导注意某事；第二，印刷媒介时代，广告是推销商品的纸质新闻；第三，电子媒介时代，广告是广告主付费的商品信息传播；第四，数字媒介时期，广告是观念或广告主商品信息的传播。① 由于故事叙述是一种言语行为，因此它理所当然是从语言的发展当中孕育出来的。能表达一定意义的最小语言单位是句子，个别词语的表达能力就颇为有限了。完整的句子能传达重要信息。故事叙述普遍存在，人类学家从未发现没有发展出故事叙述的文明。故事是文化知识得以代代相传的载体。故事诚然不是传承文化的唯一形式，但是它在传承文化的过程中扮演着颇为重要的角色。可以说，故事叙述、语言和文化三者是一起发展起来的。

基于此，本章主要从叙事和互动叙事的角度分析广告何以成为跨文化传播的载体，并且从跨文化传播的广告叙事发展形态（技术导向）、特征（文化属性）、功能（经济属性）、价值（政治属性）四个方面去讨论广告叙事在政治、经济、文化、技术方面的具体表现、影响要素、核心诉求和形式呈现。

一、叙事与互动叙事

20 世纪初，来自各个学科的学者都开始认为叙事——看似只具备娱乐价值的故事叙述——是人类思维和动机的核心所在。例如存在主义哲学家让－保罗·萨特

① 黄合水，方菲. 广告的演变及其本质——基于 1662 条教科书广告定义的语义网络分析 [J]. 新闻与传播研究，2019(12):84–97.

（Jean-Paul Sartre）在 1938 年写道："人总是在讲故事，他的生活被自己的故事和他人的故事包围，他通过这些故事看到了发生在自己身上的一切；他尝试着像讲述的故事一样过自己的一生。"[①] 具体到一个国家在对外传播的时候不可避免地也要讲故事，传播自身文化，塑造国家形象，这有利于国家在世界交往中掌握话语权和提高影响力。

叙事的起源关乎人类的起源和生理基础。故事叙述是人类进化过程中自然而然出现的结果。原始人在应对生存挑战时，其大脑得到了相应的发展。每一次重大的挑战都会致使人体发生特定变化。如果某个问题可以通过脑力来解决，那么大脑某些特定区域就会接手来处理该问题，并因此该大脑区域进一步发展。随着大脑的发展，这些"心智模块"（mental modules）就被组合起来解决新的类似问题。

（一）叙事的起源：生存必备的技能

关于心智模块的分类具体有以下四种。

第一种，"视觉—空间"（visual-spatial）模块负责处理视觉感知（visual perception）和空间想象（spatial imagination）能力。人通过此模块来判别自身与物体的距离，辨识物体的形状特征，以及在所处环境中实现定位。"视觉—空间"模块是大脑中唯一区域比较集中的心智模块，主要集中在大脑后部。脑袋后部被击中之后人之所以会"眼冒金星"，正是这个原因。

第二种，社会推理（social reasoning）模块负责预估他人的行为。这里有个社会推理发挥作用的例子，一群黑猩猩外出觅食，每只负责搜索不同的地段。其中一只看到可口的水果。它意识到，近旁的猩猩首领有可能在伺机抢夺。

第三种，环境知识（environmental knowledge）模块负责保存关于真实世界中的事物如何运作的记忆。不要将其想象成计算机数据库，因为该模块不会像计算机数据库那样保存数字编码。环境知识模块以冗长的"if-then"（如果—那么）列表形式来保存这些记忆。

第四种，语言模块负责处理与他人的复杂沟通。语言深刻地改变了人脑的运作方式。在产生语言之前，一切都很简单：人类遇到的任何问题都会被导向某个特定的心智模块，该心智模块便尽可能地解决问题，指导人做出恰当的行为反应。语言模块则不然，它把解决问题的触角延伸到了所有心智模块，倘若语言模块无法访问

---

① 希勒．叙事经济学 [M]. 陆殷莉，译．北京：中信出版社，2020：31-33.

“视觉—空间”模块，那么我们就不能通过语言表达眼前所见。语言模块将所有其他心智模块连接到一起，这种连接引发了人类思维的跃迁：遇到的问题与心智模块不再是一一对应的关系了，任一心智模块都有可能对问题的解决产生影响。基于此，人类的创造力实现了极大提升。

叙事的思维基础包括模式思维和序列式思维。先期发展出来的“视觉—空间”模块和社会推理模块完全依靠基于模式的思维方式。环境知识模块同时运用模式思维和序列式思维。语言模块几乎完全以序列式思维结构为基础——单词是声音序列，句子是单词序列，书是句子序列。语言处理需要大量的序列式思维过程。

（二）叙事的可能：心智模块的互动

心智模块之间如何互动？叙事如何产生？

当语言模块把环境知识模块和社会推理模块牵连到一起的时候，这两者就会发生交互作用，尝试得出对问题的合理解释，比如下雨等自然现象是各种大神制造出来的。但凡一种现象缺乏明显的由来，大脑就会顺理成章地将其解释为神灵的作用，认定是神灵的喜怒无常使怪现象产生。同时，人们还提供了解决方案——祭拜诸神。每次遇到新问题，祭司总能搬出新的神灵来予以解释。在古希腊，海神波塞冬掌管水域，人们出航之前要祭奠波塞冬，需要打仗就要祭拜战神阿瑞斯，为情所困时人们要向爱神阿芙罗狄斯祈祷。神灵众多、类别纷繁，需要专门负责与神沟通的人员，于是，谁能与神沟通，谁就能占据统治地位。

另外，环境知识模块也跟语言模块相互作用，由此产生了经由序列式思维得出的环境知识。这种层次的序列式思维经历了漫长的发展过程，最终逻辑和数学的概念站稳了脚跟，科学由此诞生。

从心智模块的视角来比较科学与宗教，两者之间的冲突就明确很多。两者都源自环境知识模块；两者都旨在解释我们生活的世界。宗教借由社会推理与环境知识的交互发展而来，而科学则借由序列式逻辑与环境知识的交互发展而来。“视觉—空间”模块同时与环境知识模块和社会推理模块的交互催生了“再现艺术”，即视觉艺术。“视觉—空间”模块和语言模块的结合催生了写作，进而引发了文化层面上的革新演进。语言模块与社会推理模块的结合则催生了故事叙述（如图5–1）。

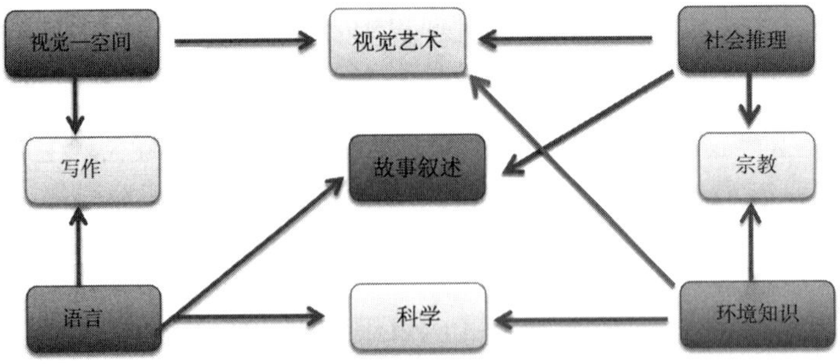

图 5-1　心智模块的交互作用

为什么文化信息一定要通过故事这种形式来传达呢？为什么诸多文明不把文化知识编译为简单明了的真理清单，让年轻人通过背诵来牢牢记住呢？因为故事所包含的大部分信息都关乎社会推理。虽然有些故事与环境知识模块更相关，但是大部分故事主要关乎人际行为，比如可靠度、忠诚度、坚毅度等。心智模块是通过模式识别来处理社会关系的（从这个角度就能理解讲好中国故事的本质就是讲好中国的社会推理逻辑），由此产生了一个问题：如何经由语言这种序列式媒介，向只能进行模式识别的心智模块传达模式信息呢？用计算机打个比方，这相当于企图通过串行线以并行方式传输数据，也好比对着西班牙人说中文——格式完全不匹配。

需要解决这个问题，就需要某种格式转换器，它能在两种不同的思考机制之间进行格式转换。故事叙述正是所需的转换器，它是在语言发展早期，为了应对上述不匹配问题而产生的临时解决方案。我们可以把一个故事看作多个事件组成的线性序列，故事的架构被称为“情节主线”。这种线性特征是使用语言进行故事叙述必然有的特征：我们不可能瞬间讲完整个故事，只能通过一个接一个的事件来讲述。如果不能接收到故事所涉及的完整内容，就无法实现对故事的透彻理解。

故事可以看作被切分为线性序列的模式，各种概念是被随意摆放的，没有位置上的特殊性，真正重要的是概念之间关联的方式，即模式。有些知识之间的关系变得更远或更间接，另一些则变得更紧密，这正是习得新知识的时候会发生的事情，记忆中所有相关的知识都会因为新知识被引入而发生特定变化。

（三）叙事的交互：社会环境的监测

人们常常把故事情节与交互性做比较之后得出结论——两者存在根本性的冲突。学术界采用“主体”概念来指代我们常说的“交互性”，采用“叙述性”的概念指代“故事性”或“情节”。

英国威斯敏斯特大学超媒体研究中心教授安迪·凯默恩（Andy Cameron）认为，互动叙事（interactive narrative）存在固有的内部冲突。叙事从根本上说是线性的，而不是交互式的；交互叙事（或叙事的交互性）体现了不同故事关联互动的特性。“交互性”原本是一个计算机术语，具体是指发生在两个或多个活跃主体间的循环过程，各方在此过程中交替倾听、思考和发言，形成某种形式的对话。交互性，无论是人与人之间的还是人与计算机之间的，整体质量依赖于倾听、思考和发言三个环节的有机结合，而不是单独依赖于某一环节的质量。要实现良好的交互，必须同时实现良好的倾听、良好的思考和良好的发言。好的广告作品可以使受众主动参与，或者直接激发受众的情感，或者促使受众进一步解读广告作品并采取行动。为了实现交互，要求动态变化交互地发生于两个主体身上。如果是单向度的，则只是传播。电影以其精心构思好的方式进行叙事，而互动叙事则是随着情节的不断发展逐步建立起来的，较少具备电影里那种精巧的叙事结构。

娱乐艺术只需要迎合主流观众的平均水平口味，倘若有个别观众没听出笑点，没看懂某个情节，或者没记住某个故事人物的历史与当下情节的关联，完全可以接受。但是，跨文化传播过程中如果数字广告的设计者让对外传播的广告的受众无法接收到信息和品牌诉求，那么这个广告本身是有问题的。

二、广告叙事的技术发展形态

广告叙事的发展离不开视觉图像地位的日益提升，广告叙事逐步在全世界文化表达和传播当中占据统治地位。随着网络带宽的飞速增长，尺寸越来越大、逼真度越来越高的图像得以实现被高速传输。文字信息所需容量较小，而图像信息对容量的要求则高得多。那么视觉化思考在现代科技当中能否成为故事叙事的主导呢？

由于新媒体技术和大数据在营销广告领域的应用给全球广告市场带来深远影响，数字广告 2017 年占据全球广告市场的 30.7%，占据美国广告市场的 36.7%，2021 年数字广告在美国市场创收或将达 1,292.3 亿美元，占据市场 50% 以上份额。①传统的广告公司纷纷转型，新型营销机构不断涌现，如移动广告平台、数据服务公司、

① MCNAIR C.US ad spending:the emarketer forecast for 2017[EB/OL].(2017-10-10)[2022-10-10]. https://murphyucladigitalanalytics.files.wordpress.com/2017/03/emarketer_us_ad_spending-the_emarketer_forecast_for_2017.pdf.

内容植入营销机构、社会化营销服务机构、ASO营销机构、内容运营公司等。它们的营运范围超过了传统的广告领域，使得广告与公关、宣传、新闻、促销的边界逐渐模糊化。在20世纪90年代网络刚出现时，尼葛洛庞帝就曾说：“向广告说再见，我们几乎分不清什么是新闻，什么是广告，可以说，广告就是新闻……”

黄合水教授认为，广告与营销，难分彼此；公关与广告，无须争第一；分销与广告，融合在一起。陈刚教授认为，原有的广告、公关模式已不再适用，有吸引力的内容可通过公关、广告、新闻、信息或其他形式呈现，而这些形式并不重要。在媒介技术日新月异的今天，人人都可以做营销，直播带货更是风靡世界各地，尤其在中国市场，由于物流配套和产业链相对完整更是全民皆可直播带货。基于此，学界对于广告未来的发展动向持两种观点，第一种观点是，广告是工业时代的产物，广告已经消失或即将消失，其必然被新的营销方式所取代。代表人物有尼葛洛庞帝、陈刚、拉斯特、奥利弗、舒尔茨等。第二种观点是，广告将永远存在，只是变成另一种形式而已。代表人物有达伦、罗森格伦、许智修、舒咏平、斯普林格、丁俊杰、黄升民、张金海、廖秉宜等。当今，广告的定义是，观念或广告主商品信息的传播。那么，跨文化传播的广告是如何被技术形塑的？它具有哪些叙事特征呢？我们将从互动广告、程序化广告和智能广告这三种类型切入研究。

（一）互动广告与互动叙事

自1994年10月第一个互联网广告问世以来，互联网广告在过去的28年中发生了巨大变化，改变了整个广告行业。根据技术对广告和消费者互动关系的引导作用，可以将互联网广告的发展分为三个阶段：第一个是数字广告阶段，第二个是程序化广告阶段，第三个是智能广告阶段。互动广告是数字广告的开端，横跨程序化广告阶段，互动广告区别于传统广告的特征在于其可以与消费者互动，消费者可以自由点击广告，或者关闭进入下一个界面进行链接选择。而传统广告主要是广告商和消费者之间的单向传播。2000年9月，《互动广告杂志》创刊，2001年4月，互联网广告局更名为互动广告局。智能广告的出现似乎是由大数据、算法和云计算推动的。但它的进一步发展可能取决于广泛的因素，如人工智能技术投资、行业创新、政府监管以及业务和最终用户的接受度。对这些因素进行系统分析肯定会帮助我们更好地了解互动广告在跨文化传播过程中的应用和具体技术推广。

传统认知当中，互动广告需要消费者积极参与，对商家品牌广告做出相应的认知反应，但是，在技术植入生活细节的营销环境中，消费者可能还没意识到广告的存在就对广告进行了反馈。以日本户外广告为例，最新的地铁广告立柱可以植入具有人脸识别功能的摄像头，它可以根据消费者的面孔、性别、衣着打扮对其进行人物素描画像，并将数据传回大数据平台，平台迅速做出反应，将受众归类，向其投放符合其认知、价值判断和喜好的广告。传统的互动包括受众参与，有一个跨文化传播的案例，张家界是著名的景区，也是电影《阿凡达》的取景地，为了推广当地玻璃栈道，张家界大峡谷景区邀请国内外网红录制视频打卡，带动更多的旅游者前来旅游参观并拍摄视频，这一活动在国际社交平台 YouTube 和 Insgram 上吸引了世界各地年轻人积极参与，使中国旅游胜地被更多人知道。

（二）程序化广告与大数据

程序化广告代表了一个新阶段，程序化广告投放实则是基于平台比价策略和大数据测算的一种自动投放，目标消费人群的画像特征被输入程序，满足程序条件的相关广告便被自动投放。但是，在跨文化传播中，尤其是中国企业、中国品牌在海外投放广告有一个极大的弊端，即全球性的媒体多掌握在西方资本手中，广告程序化购买的指标细分话语权也掌握在如 YouTube、Facebook 和 Twitter 等平台手中，它们在受众划分时并没有意识形态指标，因此，中国企业在境外社交平台上投放的广告的实际受众很可能和企业品牌的政治态度、价值观产生冲突甚至背道而驰。

如何有效规避这一问题，保障中国品牌走向世界过程中的品牌形象安全呢？一方面，要在平台投放广告的时候主动协商要求增加意识形态识别维度，另一方面，要自身挑选目标频道进行投放。相较于第一种做法，后者只是杯水车薪，因为平台会设定基本的游戏规则，如果只有少数企业选择其他平台或媒介投放形式，受众基础和受关注度就难以保障。我们急需建构属于中文话语体系的自媒体平台，邀请全世界媒体参与其中，这才是解决问题的根本路径。

（三）智能广告与跨媒介生存

研究者对一些流行的人工智能应用程序的初步分析暗示了智能广告的新属性。第一个例子，2016 年发布的谷歌助手（Google Assistant）可以从用户一次登录所使用的所有谷歌应用程序中提取数据；然后人工智能技术，如自然语言处理和机器学习，根据用户的语音请求或键盘输入执行各种任务。单一来源的数据对于谷歌助手的工作至关重要。第二个例子是 TikTok，一个 2017 年发布的短视频平台，它使用 AI 技术通过用户与内容的交互来评估用户的偏好，并为每个用户提供个性化的内容提要。[①] 正如 TikTok 的母公司 Byte Dance（2019）在其网站上所述的，在使用任何 Byte Dance 内容平台时，无须输入个人偏好。借助大规模机器学习和深度学习算法，该平台通过用户与内容的交互来了解用户的兴趣和偏好，包括了解用户点击、滑动的动作，在每篇文章上花费的时间，用户的暂停、评论、收藏等情况。

第三个例子是阿里巴巴的盒马超市应用程序。[②] 盒马总经理张国宏在接受电视采访（TVBS 2017）时表示，盒马用户每三天购物一次，约 70% 的订单是通过应用程序完成的。盒马应用程序对购物偏好的海量数据进行单独跟踪以进行挖掘，从而实现个性化促销，该应用程序深受购物者欢迎。

品牌化是广告的延迟效应，这通常是认知性质的，并通过一组软指标或次要转换来衡量，如广告视图、独特访问、评论和分享。而销售是广告的即时效应，它在本质上是典型的行为，依靠一组硬指标和主要转换（如应用程序下载、注册和购买情况）来衡量。正如我们在王鹏远[③] 和爱德华·麦尔豪斯[④] 的研究中所看到的，在人工智能驱动的分析中，硬指标和主要转换相对容易跟踪，而软指标和次要转换则较难跟踪。智能广告的技术支持方需要新的模型来更好地衡量智能广告在品牌推广和销售中的效果，无论是单独的还是协同的。

从跨文化传播的角度来看，智能广告可以同时兼顾短期效应和长期效应，尤其是从品牌推广甚至观念说服的角度看，长期效应的涵化效果更有利于目标达成。消费者的需求和欲望、兴趣和偏好、习惯和品位已经成为智能广告的基础。消费者的这些特征和状态可以通过多个接触点（尤其是无处不在的虚拟助理）上累积的大量多传感器数据实时或以其他方式分析，以产生消费者洞察。语音识别、自然语言处理和计算机视觉作为人工智能技术中的有效工具，可以帮助研究者高效准确地理解数字广告中的消费者洞察。[⑤]

---

① JENNINGS R. What's going on with TikTok, China, and the US government?[J]. Vox, 2019, 12(2):16.

② DOCTOROFF T. Alibaba group's hema supermarkets: the real deal with China's new retail[J]. Ad age, 2018,12(5):19–21.

③ WANG P Y, XIONG G Y, YANG J. Serial position effects on native advertising effectiveness: differential results across publisher and advertiser metrics[J]. Journal of marketing，2019, 83（2）: 82–97.

④ MALTHOUSE E C. Advancing computational advertising: conceptualization of the field and future directions[J]. Journal of advertising，2020, 49（4）: 367–376.

⑤ KIETZMANN J, PASCHEN J, TREEN E. Artificial intelligence in advertising how marketers can leverage artificial intelligence along the consumer journey[J].Journal of advertising research, 2018, 58(3): 263–267.

三、广告叙事的政治传播价值

“叙事就是‘讲故事’。”[①]如萨默斯（Somers）所言，“叙事”虽然长期被理解为人文历史学科进行“故事讲述”的方法，然而，经过其他学科的重新挪移与概念重建，其已超越一般性“表现形式”，成为人们认识、理解以及解读社会生活的方式。[②]换言之，叙事是一种观察和解释人类行为的“隐喻”，有组织性的叙事原则为我们日常生活中的经历提供着“意义”。[③]具体到数字广告对中国故事的承载与传播上，数字广告呈现的内容是否匹配受众原有的意义建构？讲述中国故事的方式方法是什么呢？传播学领域引入的叙事理论，常与媒介真实、符号建构、新闻话语等内容相联系，聚焦如何透过叙事语言，建构一系列相关的社会经验及认同文化。围绕近年来关于“中国故事”的理论表述，此种建立在叙事内容基础上的国家传播战略考量，已发展出多个层次：研究者既强调“文化书写”，依据本土历史建立以中国传统文化源流为基础的话语体系，[④]又大量关注具体的国际议题，探索如何弥合二次传播效果的问题。[⑤]

（一）叙事与国家战略传播

在费尔德曼（Feldman）看来，所有的国家叙事都关乎“权力”，其是由诸多集体定义的故事组成，它们被高度“类型化”，同时也影响着身处其中的每个个体的自我叙事形式。也即，国家叙事成为所有个体解释事件的认知基础，而关于国家认同的故事，则往往倾向于透过“浪漫化”的方式表达出来。这也是“讲好中国故事”的基础，因而有必要串联个体经验与集体经验。国家叙事衍生的类型化结构，为经验研究提供了不少对应的范本，如有关媒介记忆和集体记忆的研究，可以诠释中国历史故事的生成机制。

与此同时，国家叙事也应当成为反映社会整体变化的经验流。叙事考量真实或

---

① 浦安迪. 中国叙事学 [M]. 北京：北京大学出版社，1996：7.

② SOMERS M R.The narrative constitution of identity: a relational and network approach[J]. Theory and society, 1994,23(5): 605–649.

③ SRABIN T R.The narrative as a root metaphor for psychology[C]//SRABIN T R.Narrarive psychology:the storied nature of human conduct.New York:Praeger,1986:3–21.

④ 吴宗杰，张崇. 从《史记》的文化书写检讨“中国故事”的讲述 [J]. 新闻与传播研究，2014（5）.

⑤ 沈国麟，王倩. 利益冲突和观念落差：“中菲南海冲突”的对外传播话语结构及其“二次传播”效果 [J]. 国际新闻界，2014（12）.

虚构的时间，以及“事件之间连贯、反衬、重复等不同的关系”①，抑或说，叙事唯有与其他各种社会符号、制度、关系结构相结合，才能丰富人们关于其自身的理解。如是来看，所谓“讲好中国故事”的视角实际应当超越单个故事案例本身，进入更为广阔的视野。这其中既包括我们如何实现自我叙事的问题，又牵涉他者如何建构我们的叙事的问题，讲故事就是讲述者与倾听者之间传达、接收、沟通、动员周边资源的过程。研究者要问的是，在“何种情境”下，故事由“谁”讲给“谁”听，又造成“何种后果”。②评估中国企业和品牌的数字广告在对外传播过程中承载的中国故事要素需要学界和业界共同投入，如增长数量、内容呈现、投放国家、商品、节日、人物、宣传品和商业广告都可以计入，将经济上的无意识传播和政治上的认同感召联系在一起。

（二）广告叙事与讲好中国故事

国家叙事乃是由持续不断的议题所建构。上面我们透过“讲故事—话语权—软实力”之间的互文性关系，初步阐释了理解全球治理语境下国家叙事的新逻辑。需要指出的是，国家叙事的互文性乃是围绕诸多真实议题展开。在罗伊（Roeh）看来，叙事的价值在于呈现“真实”，它是一种将“了解”（knowing）转译为“讲述”的方法。新闻生产也从来没有从过去传统的“讲故事”的惯例中解放出来，事实上，新闻总是不自觉地将讲故事的模式浸入日常专业实践。③我们可以依据一种三级议题设置的生成机制，进一步探讨全球传播语境里中国故事对外传播策略。

一是以全球治理中中国角色为导向的一级议题设置。这一层次的议题着眼于宏观视野，围绕世界场域中国贡献的可能性，讲述近年来伴随西方保守主义、民粹主义等浪潮的反全球化趋势以及中国引领全球化进程的多方表现。

二是以一系列对外政策与倡议理念为导向的二级议题设置。包括“一带一路”“共商共建共享的全球治理观”“人类命运共同体”“新型大国关系”等内容，结合它们带来的公共外交与国际地缘政治影响，可建立故事样本数据库，观察种种政策如何影响中国故事的讲述，又如何建构新时期中国面向世界的主导性叙事，展现中国全方位融入世界经济体，推动全球治理新模式发展的积极姿态。

三是以围绕政策话语诞生的具体故事元素为导向的三级议题设置，也即考虑众

---

① 热奈特．叙事话语・新叙事话语 [M]. 王文融，译．北京：中国社会科学出版社，1990.

② 刘子曦．故事与讲故事：叙事社会学何以可能 [J]. 社会学研究 ,2018(2).

③ ROEH I. Journalism as storytelling,coverage as narrative[J].American behavioral scientist, 1989,33(2):162-168.

多镶嵌于实际跨国互动中的案例如何相互参照，被广泛的媒介话语吸收，最终形成定型化的话语结构，赋予中国故事与中国形象新的生命。譬如，可尝试针对“一带一路”框架下的“五通”（政策沟通、设备联通、贸易畅通、资金融通和民心相通）故事元素，就特定国家与地区，分别筛选、浓缩具有典型意义的叙事符号，并结合中国与这些国家的实际交往，制定评价、发展这些议题的可行性方案，从而进行基于不同视野下的故事的深描，以点带面，梳理出一个整体的文本意义之网。

（三）广告叙事与国家形象自塑

讲好中国故事的重点，并非聚焦故事作为软实力“资产”的问题，而是重点研究故事本身如何发挥影响力，在当今复杂的全球治理环境中形塑“战略性叙事”（strategic narrative）。①

无论是将与各种故事议题相关联的媒介产品置于中国话语权建构的视角下，还是将不同元素的文化符号植入中国文化，均应详细检视其在全球化流动中相互打开、彼此提升的互文性对话关系。首先，人们需要遴选具有内容优势的故事样本——这些样本应当便于被运用到新闻报道、影视生产和艺术创意等各类领域，并阐释以何种价值观和世界观作为引导，从而赋予中国故事怎样的核心内容。

故事话语的论述，无须刻板地纠缠于在地化争议。特定故事资源以中国文化为背景，流转于跨国文化交流中，重新演变为在全球语境被“观看”与理解的符号。被跨国产制吸纳的要素，显然同样成为全球故事自身的一部分。如汪琪与叶月瑜指出，混杂化（hybridization）成为全球文化生产非常显要的特点。混杂并非不同元素的简单拼接，而往往意味着本土文化与他者文化之间产生联结，从而生产出新的文化形式。在他们看来，以《卧虎藏龙》和《花木兰》为代表的具有显著中国元素的商业流行电影，就体现了混杂性全球文化。②这种本土故事符号融入全球化语境的调和过程，也就成为实现中国故事融入全球语境的助推要素。

作为人类，我们“本质上是一种讲故事的动物”③，因此，讲故事是人们传递思想和信息的传统方式。电影在讲故事方面具有优势，因为它能够直观地将人们带

---

① ROSELLE L,MOSKIMMON A, O'LOUGHLIN B. Strategic narrative: a new means to understand soft power[J]. Media,war&conflict, 2014,7(1): 70–84.

② WANG G,YEH E Y.Globalization and hybridization in cultural products:the cases of Mulan and Crouching Tiger,Hidden Dragon[J].International journal of cultural studies,2005,8(2):175–193.

③ MCLNTYRE A. After virtue Notre Dame[M].Notre Dame：University of Notre Dame Press,1984.

到他们可能从未到过的地方和从未经历过的情境之中”[①]。由于电影的时长和接触渠道限制，形象宣传片，尤其是全球体育赛事的形象宣传片就成为国家形象对外传播的一个重要渠道：当观众与某个场域保持距离时，他们不太可能产生兴趣、被激发出情感、采取行动，但视频可能将他们带到那里，并让他们在意一个环境，进而对环境所属的文化和地域产生兴趣。[②]

叙事能够影响信息的说服力，并影响个人的信仰、态度和行为，这一特征被称为叙事说服。[③]这种被故事吸引或者沉迷于其中的经历被称为“共鸣”[④]。共鸣影响观众的方式有三种：一是通过为抽象思想提供具体形式来增加故事的现实性和可信度；二是通过塑造角色引导观众，观众通过认同角色对目标产生同理心；[⑤]三是通过角色识别使观众产生“感知相关性”，进而增进他们态度、信仰和行为改变的可能性。

与情感意象相结合的叙事有助于传递信息，并可能提高信息的说服力，其以具象的符号建立故事样本的隐性生成机制。讲故事实际上是一种话语实践，当某种符号被叙事者投入其选择的时空语境，便赋予了故事具体的内容特征。例如，对外贸易当中茶、丝绸、瓷器等商品的流通，见诸报端，便常被设定有关“丝绸之路”的想象。国际交往主体通过话语实践建立符合自身期望的权力结构或者认同关系。当故事成为对外传播战略的一部分，人们通过跨文化输出扩大其影响的时候，故事就不仅是权力的承载工具，还是权力的生产者。故事本身构成了话语权，讲故事成为一种赋权实践。

随着单一向度的故事样本持续与其他内容资源相互整合，形成体系化话语，并透过多种形式的知识资源予以传达，话语权便越来越演化成为核心的权力形式——文化软实力。这种文化软实力体现为国家内部的文化资源及其传播力量，同时文化软实力的变化取决于外部国际政治格局以及国家在国际社会权力关系中所处的地位。反之，这种赋能实践也成为国家文化软实力的组成部分，提供着观察中国故事

① NORMAN M E.Public education through community-based film programs: a report on the environmental film festival in the nation's capital[J].The Journal of environmental education,2000,31(2):28-30.

② WRIGHT J H.Use of film for community conservation education in primate habitat countries[J].American journal of primatology,2010,72(5):462-466.

③ GRAAF A D, HOEKEN H, SANDERS J. Identification as a mechanism of narrative persuasion[J].Communication research,2012,39(6):802-823.

④ BEAMISH C.Evaluating the effectiveness of advocacy documentary[D].New Zealand:University of Otago,2016.

⑤ GRAAF A D, HOEKEN H, SANDERS J. Identification as a mechanism of narrative persuasion[J].Communication research,2012,39(6):802-823.

开展全球对话的重要窗口。

要研究故事样本的显性生成机制如何呈现中国故事更为多元的文化样态，仅以故事为中心的思维是不够的，在全球化语境下的软实力竞合中，故事议题的再生产往往超越单一叙事元素，由不同的媒介整合渠道共同形塑，譬如社交媒体、电子游戏、流行音乐或者版权交易。跨国工业合作成为令人瞩目的对话方式。柯卡思（Kokas）即以电影产制为例，谈及中国在电影进口和媒体产业投资方面的增加，鼓励好莱坞进入中国市场，并与中国电影公司合作。

基于代表性故事题材被善加利用而创造出的媒介产品或者文学创作资源，我们能够进一步窥探到中国文化工业的跨国化线索，甚至是开放性的市场经济结构，由此完成中国故事的三级议题过渡。经过全球媒介话语的论述，中国故事符号也得以建构新的时代特征。在此过程中，我们建立相应的框架规范，用以协助参与故事传播的不同外部成员建立共识、分享经验、传递共有文化，我们从中国故事迈向全球化市场的互动中重新界定跨文化传播战略，消除“世界观”和“中国观”之间的隔阂，这成为构成“讲故事—话语权—软实力”之间显性生成机制的重要命题。

中国融入全球化体系的过程成为不断生产中国故事的过程。这种故事议题设置既直接建构出国家自身在国际上的政治角色及其话语权资源，① 又牵涉国家所主导的国际实践能力。② 一个时期以来，中国在国际事务中遇到的阻碍，被认为“多是因为没有把关于中国的故事讲述好”③。在寻求媒体公共外交的过程中，这种“讲好中国故事”、实践跨文化沟通的愿景，也就一度成为国家对外传播的核心议题。④

在全球语境中，国家叙事需要平衡自我塑造和他者塑造二者之间的关系，既要考虑主体性，又要照顾他者文化的接受度。一方面，我们在传播中强调中国故事的主体性。 在诸多研究者投身之下，围绕“中国人共同经验与情感”，的确产生了非常多的故事样本。另一方面，我们需要关注传播的在地性场域特点。关于“中国故事”的讨论相当丰富，但国家叙事内部本身存在的复杂性，尤其中国面向全球化互动的深入，使得“中国故事”之图景日益变迁，以往分析架构乏力所不逮之处凸显。纵观牵涉“中国故事”的经验研究，对于相关理论基础的论述实际相当有限，留下

---

① FUNABASHI Y. Introduction:Japan's international agenda for the 1990s[M].New York:New York University Press,1994:1-27.

② LIVINGSTON S G.The politics of international agenda-setting: reagan and north-south relations[J].International studies quarterly, 1992,36(3):313-329.

③ 王悦 . 讲好中国故事 [M]// 暨南大学舆情与社会管理研究中心 . 舆情观察系列：中国形象全球调查 . 广州：暨南大学出版社，2015.

④ 陈力丹，费杨生 . 2015 年中国新闻传播学研究的十个新鲜话题 [J]. 当代传播，2016(1).

许多尚待完善的空间。

诸多声音提倡摆脱相对区隔化的观点用以观照全球语境下的文化传播，这启发研究者从新的角度诠释“中国故事”的应有之义。如戴维·莫利（Morley）提醒人们审慎反思文化的“纯洁性”问题，认为文化主体不仅要以“他者”的角度看世界，还要让“他者”来“寻找”我们、“影响”我们，甚至“否认”我们。① 面对近年来逆全球化思潮和贸易保护主义的抬头，中国在当今国际秩序中无疑开始展现更多作为，“中国的发展是世界的机遇，中国是经济全球化的受益者，更是贡献者”②，在此意义上，“中国故事”的内涵被植入不断与他者的融合过程。利姆（Lim）与霍瑞明（Horesh）也谈到，国家叙事总是通过与不同外来经验的互动来形塑自身改革力量。研究的一大重心，在于考量其中相互生成的动员机制是如何呈现中国改革开放的开放性和实验性的。③

四、广告叙事的社会经济属性

“讲故事”究竟意味着什么？事实上，直至今日，不存在一种普遍的叙事文本或者一种广被接受的讲故事的“术辞”。我们也不能简单地将叙事理论搬到新闻传播领域。相较于传统的从叙事技巧或者叙事方法角度出发探索对外传播的创新建设，跨文化传播中的广告叙事需要从内文化群体和外文化群体两个视角检验故事文本的有效性、元素符号的辨识度、传播渠道的到达率。不同的文化母体孕育着不同的社会推理规则、自然环境认知、视觉—空间审美标准以及语言符号系统，而广告叙事所呈现的故事，要能最小化他者的误读与偏见，让传播者和接受者在交流过程中产生最大化的意义认同空间，让商品的文化属性搭载经济属性在全世界畅行无阻。

（一）叙事经济学与跨文化广告

首先，广告叙事的本质是追求商品销售的增量和产品市场的开拓。文化属性和政治属性皆是广告的附属价值，广告的核心诉求依然是实现经济增长。在数字媒体环境中，人们时刻使用手机、电脑等一系列个人电子设备并且连接网络。无论人们

---

① 莫利．传媒、现代性和科技——“新”的地理学[M]．郭大为，译．北京：中国传媒大学出版社，2009.

② 习近平．共担时代责任共促全球发展——在世界经济论坛2017年年会开幕式上的主旨演讲[N]．人民日报，2017-01-18(3).

③ LIM K F, HORESH N. The “Singapore fever” in China: policy mobility and mutation[J]. The China quarterly, 2016(228): 992-1017.

身处什么地理位置，社交媒体都会自动将叙事推送给可能对其产生兴趣的人，因此叙事有着更高的传播率。社会学家伊莱修·卡茨（Elihu Katz）和保罗·F. 拉扎斯菲尔德（Paul F. Lazarsfeld）以充分的证据证明了“两步传播假设”，即文化变革虽然始于新闻媒体，但需要通过主要群体的口口相传才能实现，领导这些群体的是关注新闻数量相对较少的群体。[①] 广告营销行业立即采取应对措施，推广口碑传播策略和电视广告，让演员将自己演绎成能够让普通人产生认同的人物并模拟直接的人机对话。同时，从营销文献中我们发现，直接的口碑传播在说服力方面仍胜过其他形式的传播。[②] 与此同时，数学中的混沌理论表明，很多非线性微分方程模型从数学角度看可能是混沌的。系统可以生成看似随机的变量，这些变量永远不会重复出现；即使在确定的系统内部，这些变量依然具有内在随机性。比如比特币叙事最初源于哈耶克的《货币的非国家化》，该书探讨一种绝对自由的、竞争性货币存在的可能性。比特币叙事表面看来是在支持自由市场和交易的可追踪可记录，实则是发达资本主义国家利用自身在传统市场的货币话语权和经济影响力，试图在全球虚拟金融市场利用比特币空降操控台，使它们享有和现实金融世界一样的定价权和交易权。这是发展中国家要抵制这种比特币叙事的话题和比特币交易行为的原因。

（二）广告叙事的核心是认同增量

认同可以带来好感度提升，从而改变消费行为，也可以改变人们的认知，使人们的观念发生改变。诺贝尔经济学奖得主罗伯特·希勒借鉴流行病学模型，提出流行叙事对于日常生活影响的构型有以下七种。

（1）流行趋势可快可慢、可大可小。流行趋势的时间表和规模有可能天差地别。

（2）重要的经济叙事可能只包含一小部分热门话题。传播率不高的叙事仍可能有其经济上的重要意义。

（3）叙事组合比单一叙事更具影响力。叙事组合非常重要。

（4）叙事的经济影响效应可能会随着时间的推移而变化。在叙事随时间演变的时候，不断变化的细节非常重要。

（5）真相不足以阻止虚假叙事。真相很重要，但前提是它得显而易见。

（6）经济叙事的传播力取决于重复率。反复强化非常重要。

---

① KATZ E, LAZARSFELD P F.Personal influence:the part played by people in the flow of mass communications[M]. New York:The Free Press of Glencoe,1955:44–45.

② HERR P, KARDES F , KIM J. Effects of word–of–mouth and product–attribute information on persuasion: an accessibility–diagnosticity perspective[J]. Journal of consumer research,1991,17(4):454–462.

（7）叙事依赖附属元素：人情味、身份认同和爱国情怀。这些元素至关重要。

其中部分观点可以应用于广告叙事，尤其是跨文化传播，广告不仅可以增加销量还可以提升受众认同度。以美国大选为例，奥巴马团队强化的是信心和勇气，是历史上首位黑人总统的魄力和开拓性。川普强化的是国家精英阶层或者说白人“让美国再次伟大”的情感。而拜登团队的竞选视频则主打感情牌，塑造他是一个多灾多难的男人，历经挫折，还经历了丧子之痛，这一切都拉近了拜登与选民的距离，让选民看到他普通人的一面，这种叙事既具有个人风格又能打动疫情之下的美国民众，恰恰符合构型，视频依靠充满人情味的故事得以传播。当一个身份明确的人物与叙事产生关联时，我们的大脑就可以描绘出一张面孔，然后就会将人物的声音、面孔与故事关联起来，从而降低遗忘率。

（三）广告节俭叙事和消费叙事

人类社会自古以来就有传播叙事。集市和宗教节日上的交流以及不经意间的接触都促进了传播。比如，在古罗马，想要探听消息的人就会定期前往庇护人的家中参加晨礼，或者去公共集会场所听演讲者或拍卖人的讲述，后者穿着特殊的托加袍，显得与众不同。拍卖人向人们讲述新闻和故事，宣读广告并处理拍卖事宜。传言（rumor）是古拉丁语，指传播性叙事。

著名哲学家大卫·休谟在 1742 年写道：“当某些缘由在某个时候和某些人之间引起某种倾向或激情的时候，虽然会有很多人避开传播并且只受特有激情的控制，但多数民众肯定会受到共同感情的束缚，他们的所有行为也会受其控制。”[①] 从这个角度我们会发现，传播极具感染力，和病菌一样是通过人际传播发生的。因此，我们在谈论跨文化广告与经济叙事的时候，需要明确这种以产品或品牌形式传播的信息和输出的内容对于他国受众的情绪感染力和价值输送力。从美国经济大萧条时期的广告和日本在 20 世纪 90 年代经济危机之后的广告中我们会发现节俭和炫耀性消费之间的关系。在 20 世纪 30 年代的美国大萧条时期，当人们面对大范围非自愿失业的时候，节俭叙事具有强大的受众感染力。日本在经济危机之后兴起了无印良品这类反对标签化的极简风格品牌。种种广告叙事都是对当时经济状况和人们生活场景的一种共情表达。因此，广告叙事像社会信心一样具有传染力，是社会经济的晴雨表。当绝大多数人无法负担原有超高的消费水平和奢侈的消费习惯时，广告叙

① HUME D. Essays and treatises on several subjects[M]. Edinburgh:A.Millar and A. Kincaid and A. Donaldson,1758.

事会发生适当转变，为人们的勤俭持家找到“冠冕堂皇”的理由。

广义的文化指作为总体的生活过程，包括物质再生产的组织者的文化。狭义的文化将文化认同与文化上所界定的对“文明”的抵制结合起来，强调文化资本的归属、服务对象和社会价值，是对现有资本主义政治、经济文化霸权的一种反思。1909 年，法国犹太裔银行家、慈善家阿尔伯特·卡恩使用新发明的彩色胶片照相工艺制作出 7.2 万张照片和 100 小时的影片，向人们展示了来自 50 余个国家的服装与时尚。爱尔兰语地区极其贫困的农民、保加利亚衣冠不整的士兵、阿拉伯令人望而生畏的酋长、达荷美一丝不挂的武士、印度戴花环的王公、印度支那轻佻的女祭司以及神情漠然的美国西部牛仔。然而，随着全球贸易实现融合，消费社会诞生，我们今天所见到的是趋同的一切：阿迪耐克的运动装，中年人的 POLO 衫，小学生寒暑假去的迪士尼乐园和环球影城，这些都是全球化带来的产物，是全球贸易融合的客观证据。一个社会消费文化的最典型形态被展现在广告上。

（四）叙事逻辑呈现经济晴雨表

在同质文化中，每个个体都与其他个体相同，个体作为商品和工具的本质与其他个体的本质毫无差别，比如在视频平台上，所有的消费者购买会员充值缴费，对于平台资本方而言，个体之间毫无差别，只有会员和非会员的差别。支付会员费，交易加工好的视频内容，不支付会员费，交易视频内容的同时需要受众观看广告。而在异质文化中，首先需要完成的工作就是文化认同。

从文化认同结构视角看，“自我传播”的李子柒对中国民俗文化的全球传播更多使用的是一种“自然”状态的视觉符号，制作出拥有不同文化的群体都可以接受和认可的数字影像，如神秘东方“仙境”，这里需要进一步调研她的视频的受众中海外华人所占比例才能判断她的视频对受众的影响力。但不管是对内“凝聚力”还是对外“同构力”，她的视频都推动了中国故事的国际化传播。

霍克海默和阿多诺认为：当知识和权力联系起来的时候，知识就不再是解放人的知识。人类探索自然的能力变成了利用、买卖和消耗自然的能力。解放人内在本质的力量变成了统治它的制度性力量。批判理论认为，启蒙的辩证法使得这个原本自由的文化领域一旦受到工具理性法则的支配，就变成好莱坞及新兴出版业、唱片业、广告业等垄断资本手中的工具。这就意味着，一度是启迪的来源和人类潜能培育者的文化变成了一种统治机器，而维持这个机器运转的主要动力就是能够满足寡头公司经济利益的资源消耗活动。一度与人类主体性联系在一起的文化和所有其他商品一样，变成了对象。[①]

一直以来，人们都认同广告是经济的晴雨表的说法，即经济增速快的时候，广告就会一股脑涌向市场，企业有更多的资金投入广告，广告叙事也会伴随着经济的繁荣日渐品目繁多。然而，按照叙事经济学的认知，叙事会向我们展示流行故事如何随着时间的推移而改变，与此同时，广告也能刺激人们进一步消费或者号召人们要勤俭节约。在疫情期间，全世界范围内线下活动骤减，人们开始居家生活。但是直播带货让线上经济开始繁荣，人们居家生活、办公带动大量食物消费、居家健身器材消费，这一切都和新的营销内容和广告叙事密不可分，人们会受到日常营销内容的影响。那么跨文化传播中，广告叙事具有哪些经济价值呢？是否可以带动外国消费者消费或者提升认同增量呢？

数字影像作品在跨文化传播过程中，“自我传播”和“他者言说”居于有不同文化类型和文化认同的空间结构中，成功的“自塑”和“他塑”并不在一个空间维度。群体内部成员更愿意聆听经济成功的故事，而群体外部成员更愿意看到“族群识别性”这一面，即弱化科技力量的展示，这一观点还需要更多数字影像案例的对比实验研究加以论证，在此只提出一种理论可能。

---

① 盖奥格·齐美尔的核心观点。

第六章　跨文化传播的视听屏障

从人类历史进程中，我们不难发现，哪怕语言文字不通，人们一样可以通过音乐和绘画作品来理解异域文化，哪怕这理解之中伴随着偏差，但音乐和绘画具有远胜于语言符号系统的共通性。本章将从视听符号入手，分析在当今社会媒体发展迅猛的情况下，数字广告如何在跨文化传播中发挥视听符号跨语言沟通作用的。比如广告中的音乐，来自不同国家的企业在第三国播放广告，是会选取具有本民族认同感的音乐还是会选取第三国受众认同感较强的音乐？这值得我们思考和研究。

在电子生产普及化时代，文化可以通过屏幕、视频、广播等传递给我们，我们不再需要在程序化的空间中探索它。在跨文化传播中，数字广告可以视为一种文化载体，跨越时间和空间。不同历史时期和地理位置的文化制品可以混合而且并置。人们参与其中不需要通过物理位置的接近，只需要通过网络链接即可。

一、无声交流的视觉意象

德里达认为索绪尔关于语言通过差异产生，而不是通过固定的形而上学的意义或“现实”的指涉对象产生的主张是不言而喻的。因此，“从那一刻起，哪里有意义，哪里就有符号，别无他物。我们只在符号中思考”[①]。由于符号是图形“表现”的一种形式，因而写作的意义就在于此。没有符号，我们就无法思考知识、真理、文化，也就是说，无法写作。对于德里达来说，写作是一种持久的描绘，在人类对自身有清醒认知之前已经存在。因此，德里达解构了说话在符号和意义之间提供了同一性的观点。

① EUGENIO D,RICHARD M. Modern criticism and theory[M]//DERRIDA J. Structure, sign, and play in the discourse of the human sciences.Baltimore: Johns Hopkins Press,1970:107–123.

（一）文化消费中的视觉与听觉

一直以来，人类社会消费吸引模式包含着实物展示、叫卖、气味营销、招贴画视觉刺激，以及影像动画演示等。人们对于视觉意象表达并不陌生，在流行文化盛行的今天，我们看不懂的外国影视作品可以通过“字幕组”来实现理解无阻，但为何还有人喜欢听完全无法识别的原声（听不懂的外语）并沉浸其中？这或许是声音所营造的情绪氛围吸引了那些人。

对于文化消费，大多数文化研究者像鲍德里亚一样强调当代电视和消费文化固有的创造力。钱伯斯（Chambers）和海蒂兹（Hebdidge）[①] 讨论了包括电视在内的商品。他们强调了消费者的主动性和意义导向的活动，这些消费者自行拼贴、选择，并安排各种商品和意义符号。费斯克（Fiske）[②] 认为，流行文化是由人们建构的。事实上，他认为流行文化是符号的战场。广告就是推波助澜的有效形式，广告通过对目标消费人群理想生活的展示，让人们情不自禁地通过消费商品来试图拥有理想的生活和更好的自己。在商品极大丰富的当代社会，在发达资本主义国家和物质富足的发展中国家，人们的生活中不仅仅有衣食住行满足基本需求的消费，还有可以满足情绪、情感、社交和自我认同的消费。在跨文化传播过程中，如何保障世界各地来自不同文化、不同社会制度、拥有不同生活习俗的人们拥有同样的理想生活和消费场景呢？一方面，来自西方社会的话语霸权和文化帝国主义建构，已经为地球人指明了一种生活图景；另一方面，企业对当地市场的洞察与调研保障了当地人拥有同样的理想生活和消费场景。

保罗·威利斯（Paul Willis）[③] 认为，商品化进程支撑了出现在年轻人消费实践里的一种“共同文化”。他指出，商品的意义并非品牌主或生产者所定义的，在实际消费过程中品牌主或生产者与购买者互动才产生了价值体验，并实现了商品的意义建构，他称之为“扎根美学”。对威利斯而言，当代文化并非毫无意义或表面的，而是涉及作为文化生产者的所有人主动创造的意义。威利斯提出，观众，尤其是年轻人，是老练的影像解读者，早已学会了如何进行电视代码的转译。YouTube 和 Twitter 上的视频可以通过这种方式解读，即作为一种大众的和创造性的文化来解读。流行音乐、电影、电视的生产可能掌握在跨国资本控制的媒体手中。

---

① HEBDIGE D.Hiding in the light: on images and things[M].Oxford:Routledge,1988：121-123.

② FISKE J.Television culture[M].London:Methuen,1987:87-91.

③ WILLS P.Common culture:Milton Keynes[M].Maidenhead:Open University Press,1990:75-79.

在信息的地缘政治学方面，安东尼·史密斯（Anthony Smith）[①]指出：20世纪末，新电子技术对独立的威胁可能大于殖民主义本身。我们开始明白，非殖民地化和极端民族主义的出现并非意味着帝国主义的结束，而意味着自文艺复兴以来就开始编织的地缘政治网的扩大。新媒体比过去的所有西方技术都表现出更大的渗入目标文化的能力。其结果可以是巨大的混乱和今日发展中的社会矛盾的激化。

（二）电影的默片时代的视觉意象

看电视是由各种文化认同形式组成和建构的日常行为。电视是一种文化认同建构的资源，观众运用他们的文化认同能力，以自己的方式来解码节目。由于电视已经变得全球化，因此，电视在种族和民族认同建构方面作用特别重要。对于网络发达和通信基础设施普及的中国而言，网络同样具有文化建构和身份认同建构的重要功能。

在美国外交出现危机时——比如伊朗人质危机、击落韩国007客机事件——就通过令人吃惊的证据表现得非常突出和突然。这时，公众的认识中加上了媒体的分析和铺天盖地的报道内容。这样，历史就被阉割了。阿多诺说：信息、宣传、评论，坐在第一排坦克里的摄影师和在前线牺牲了的记者，操纵舆论的高超手段和无意识的活动，这些都掩盖了战争的真相：所有这些都是历史的变形，参与者截取了当权者想要的镜头和图景，看似将宏大叙事具体化了，实则用笼罩了强权意志的认知设计替代了事件全貌。人被贬低成为一部纪录片中的魔鬼。文化话语中被内化了的规范、发表观点时要遵循的格局、相对于非官方历史的“官方”历史，所有这些当然是用来限制公众讨论的工具。

（三）跨文化传播中的交际身份认同理论

赫克特（Hecht）等人提出的交际身份认同理论（Communication Theory of Identity）是在社会身份认同理论和身份认同理论的基础上建构起来的。[②]该理论认为，人类天生是围绕交际、关系和群体而生的社会生物，人在多重的、变化中的认同中来回穿梭。因此，确定身份与认同是两个重要过程，个人与群体通过这些过程，来

---

① SMITH A.Information technology and the myth of abundance[J].Daedalus,1982,111(4): 1–16.

② GUDYKUNST W B. Theorizing about intercultural communication[M]//HECHT M L, WARREN J, JUNG E, et al.The communication theory of identity:development, theoretical perspective and future directions. California:Sage Publications Ltd,2005:257–278.

确立和界定自己与别人和周边世界的关系。

交际身份认同理论认为，身份由四个层面构成，即个人层面、表现层面、关系层面与群体层面。个人层面是传统意义上的自己与自我概念，个人对自己与自我的构想就是身份认同过程。表现层面是身份的表达，表现本身是一种身份认同的框架，交际是体现身份的一个场所，交际不仅仅影响身份，它还管理与协调身份认同。

关系层面的身份认同存在于交际者和他人的互动之中，并在关系中得以建立。群体层面的身份认同指群体中分享共同特征、具有共同记忆的成员所持有的身份认同。

交际身份认同理论认为，身份认同的各个层面都不能脱离其他层面而单独存在，它们相互依赖，相互渗透。人们可能同时拥有多个身份，或拥有交叉身份，其中有些身份是以群体为基础的。身份差距是指不同身份层面之间出现的断层。身份差距对研究身份认同动力有借鉴作用，对研究因身份差距造成的沟通困难即心理健康问题也有重要作用。

（四）全球化视频分享平台无声视频的跨文化传播

李子柒的视频在 YouTube 上走红，其视频以民俗美食和中国乡村日常为主题，每集长度多在 10 分钟以内，一条视频最多播放量达到 6,000 多万，其账号获得来自全世界 700 多万人的关注。由 Netflix 公司投资制作的纪录片《美国工厂》讲述的是中国企业家曹德旺在美国投资开办工厂并雇佣当地劳动力的故事，2019 年上映，2020 年 2 月获得第 92 届奥斯卡金像奖最佳纪录片奖，引发中美两国主流媒体的关注。本书以两种不同类型的数字影像作品为研究对象，通过跨文化传播中自塑和他塑的对比分析，归纳它们作为成功案例背后的文化认同结构、共情符号和协商符号、互动仪式市场中的有效传播，进一步探寻中国文化对外传播的有效形式。

伴随着移动互联网的发展和 5G 网络技术的全球推广，数字影像的全球化传播成为一种趋势，在跨文化传播中承载着更多可以探索的空间和载体形式。YouTube 作为全球最大的视频社交平台，承载着专业用户生产的内容和普通用户生产的内容，在国际传播格局中的影响力越来越大。“李子柒 Liziqi”账号自 2017 年以来在海外广受欢迎，截止到 2020 年 6 月 22 日，该账号有 1,100 万位订阅者，其中 2019 年中国农历新年的一条视频“年货小零食特辑”播放量高达 6,000 多万人次，显示出多元传播主体在跨文化传播中有效输出的力量和“润物细无声”的认同感召力，这为中国故事的海外传播提供了新的思路和视角，即国家形象的自塑主体可以从官方过渡到民间，塑造内容可以从宏大成果过渡到普通个体充满仪式感的美好生活。与此同时，由 Netflix 公司出品的纪录片《美国工厂》耗时三年于 2019 年 8 月 21 日在美国上映，该片内容：在美国中西部俄亥俄州的代顿市，坐落着曾经辉煌一时的美国通用汽车公司的生产线，2008 年 12 月受全球经济危机影响福特工厂宣布关闭，代顿当地有 2,000 多个家庭失去了工作；2015 年，中国企业家曹德旺在通用汽车工厂旧址投资 5 亿美金修建了福耀玻璃工厂，该企业提供 2,000 多个就业岗位，雇用美国工人生产汽车玻璃，在这个过程中发生了涉及中美文化冲突、企业管理冲突、工业模式差异等的一系列故事。该片由两位美国导演和两位中方制片人共同完成，一上映就获得了北美主流媒体的讨论和纪录片专业大奖。

李子柒视频和《美国工厂》纪录片中分别有“自我塑造”和“他者塑造”的视角，两者是研究中国文化、中国企业、中国人和中国故事的全球化传播策略的很好的对比对象。基于此，本文将站在文化认同结构的角度去分析，跨文化传播过程中自塑和他塑对于共情符号和协商符号的使用，互动仪式中有效传播层面的差异和共性，“自我传播”和“他者言说”的优势和劣势，进一步探讨在国际传播格局中如何讲好中国故事，传播好中国声音。

二、文化在认同建构中的角色

克里福德•格尔茨曾说：“文化是人类公开的可接近的文本，是铭刻在社会生活中的时间和空间的人类活动表现及其象征节目”[①]。在《文化认同与全球性过程》一书中，乔纳森·弗里德曼根据在“认同建构与解构的过程中扮演的角色”将文化分为以下三种类型。

（一）人类学描述的客观性

第一种类型的文化是作为社会分析的文化，是被社会行动有目的地组织起来的全部节目的具体表征，也是一个社会系统的具体特征，包括方言、姿势、生产和消费风格、宗教行为、认同象征与社会价值。李子柒视频在默片的情况下获得了全球粉丝的关注，很大原因在于其视频拍摄对象是“花开有声”的自然景物和人类生存所需的一日三餐的制作，展示出人与自然环境的和谐相处、人与景物的美好相融、人与人的温暖与爱，人与自我相处的积极态度。

① 弗里德曼 . 文化认同与全球性过程 [M]. 郭建如，译 . 北京：商务印书馆，2003：103.

（二）族群归属的识别性

第二种类型的文化是指族群内成员对自己的识别，这种认同结构是建立在语言、血缘和遗传的共同性上的，与个体在族群中的社会阶层无关。当日渐成长的个体在现代社会不断丰富的职业中找到了新的经济属性认同时，经济收入的增长会严重削弱族群内的认同，取而代之的是由消费定义的跨文化生活方式认同。此类型文化对认同功能的限制，主要适用于民族性的或全球性的再生产过程。比如《美国工厂》中展现出的管理层和工人的分化，美国工人最初强烈要求工会入驻，但是管理层的职责是执行董事长的要求“拒绝工会入驻”，管理层和工人之间的关系虽然是族群内部关系，但是族群认同受到具体的经济利益牵引而产生偏差。美国工人在与管理层的冲突、互动协商过程中发现在其原有文化中被摒弃的品质——吃苦耐劳，他们如果要保住这份工作，就需要放弃原有的“工会入驻企业”认同，达成新的认同。

（三）意识形态的政治性

第三种类型的文化指生活过程中所蕴含的组织模式和意识形态，强调群体中物质再生产的组织者文化。它将文化认同与文化上所界定的对文明的抵制结合起来。它强调文化资本的归属、服务对象和社会价值，是对现有资本主义政治经济文化霸权的一种反思。这一观点在《美国工厂》中较多呈现，但是在李子柒视频中几乎看不到。《美国工厂》的导演赖克特与伯格纳尔拍摄了 40 分钟时长的纪录短片《最后一辆卡车：通用工厂的倒闭》（*The Last Truck: Closing of a GM Plant*，2009，HBO 出品）。该片获当年奥斯卡最佳纪录片提名。而《美国工厂》就像是《最后一辆卡车：通用工厂的倒闭》的续集，《最后一辆卡车：通用工厂的倒闭》的最后一幕，变成了《美国工厂》的第一幕。这部纪录片所展现的不仅仅是中美两种文化的冲突，更是走向衰败的美国蓝领工人与全球化企业投资人之间的冲突。从形象塑造的角度，创作者更倾向于展现美国工人的命运探索和未来走向，在这一过程中，中国文化、中国企业、中国工人群体形象都是一个大背景，一种时代所提供的参照物。

三、文化认同的三种结构

正如乔纳森·弗里德曼所言：“文化认同有一个特定结构，它建立在处于中心的自我与被界定成自然、传统文化、野蛮人、力比多的边陲、遥远的边陲和我们内部的边陲之间的对立上。”[①] 认同危机就在于我们内部的边陲化的事物的表面掀起了波浪，外部的边陲化的事物迫近，在此情景下迫切需要采取最广泛意义上的寻找意义与寻根的行动。

文化认同包括传统主义、现代主义、后现代主义三种认同结构，不同结构对于自然、文明和文化呈现不同态度（见表 6–1）。具体到数字影像作品，由于不同国家的社会发展阶段不同，经济发展水平、政治制度、生活方式都有较大差异，因此，在跨文化传播过程中，自塑和他塑是否在同一个结构空间就显得尤其重要。数字影像作品的生产者对于文明、文化、自然的认知会影响其共情叙事表达和符号使用，编码和解码的误差，会带来认同的障碍。

表 6–1　文化认同的三种结构[②]

传统主义结构		现代主义结构		后现代主义结构	
文明	文化	文明	自然 = 文化	文明	自然 = 文化
抽象	具体的、社会范畴，自然的范畴，具体思想	理性和发展作为主要原则	荒蛮或野蛮状态；非理性、为传统所束缚	精英的、资产阶级的文化、生产 / 压制	解放了的原始的东西、欲望的领域，基于力比多的创造力的文化
原子化、个体化、原初纽带的消解	个体认同依赖于更大的团体，至少是团体的道德图式	建立在个人自由规范的自我实现基础上的资产阶级文化	传统文化等于自然状态，个人纽带支配传统文化，社会也被过去支配	被国家、制度与个人所控制	缺乏控制，且有充分表达的自由
有目的地组织起来的存在的解体	人类社会中存在的结构化的意义的组合	意义在于运动自身（如在进步中一样），在于不受约束地自我实现的未来	意义作为对世界的宗教性的理解，是非理性的	作为社会秩序的自我—超我控制的弗洛伊德模型；作为支配性价值的理性，形式支配内容	个体边界模糊，内容支配形式，活动边界被“他人的欲望”模糊和支配，有非理性的或反理性的价值取向

① 弗里德曼 . 文化认同与全球性过程 [M]. 郭建如，译 . 北京：商务印书馆，2003：128.

② 弗里德曼 . 文化认同与全球性过程 [M]. 郭建如，译 . 北京：商务印书馆，2003：121–135.

续表

传统主义结构		现代主义结构		后现代主义结构	
文明	文化	文明	自然 = 文化	文明	自然 = 文化
“现代主义”在持续的发展或自我创造过程中消灭了过去的连续性	被传统束缚着的社会过程，以稳固下来的价值的自我生产为基础的已成陈规的心态	理性实践的思想运用于生活中所有相互独立的活动中，和民主及通过发展达到的自我实现的目标一样	具体的、符合人类各年龄段自然呈现的精神状态和身体样貌，从事与自然相关的因循守旧的物质再生产	个人的（社会的）自我发展、成功、竞争和地位获得的心态	关注与他人交流的心态，心智与身体融合的自我，个体与环境融为一体，多元与多样
		作为培养新的复杂性和变化能力的现代性		由抽象的理性角色主导、在高速发展的智能社会中充分利用技术操控一切的生活结构和控制体验	具体的、建立在总体主义关系基础上的社会性；世界的原初特性，这些都是文化构造与认同创造的主题

（一）李子柒的自塑符合后现代主义认同结构

李子柒视频之所以在 YouTube 平台上受到全球受众的追捧和关注，站在认同结构的视角，可以理解为它释放了原始的创造力、基于力比多“生存欲望和美好向往”的创造力文化。中国有几千年的农耕文化，长期以来人们对于中国农村社会的认知是“贫穷”“落后”“疾病”“饥饿”，但是李子柒视频给世界观众展现了一个“山水田园”“山青水秀”“亲近自然”“双手创造美好”的农耕文明。结合“后现代主义结构”中的文化认同来解读，呈现人与自然和谐相处即是一种文化的传承与表现，在跨文化传播中最不具有攻击性和意识形态上的差别排斥感。从传统主义结构看，文化是具体的、社会范畴的、自然范畴的。所以说，李子柒的视频使不管来自哪种社会制度、生活习俗的受众都可以站在自身角度去最大化解读视频中的文明、自然与文化。某种意义上，因为其摒弃了第三种类型文化的“意识形态的政治性”，所以最大化吸引了受众，这便是民间自媒体人在国际传播舞台上最有力的竞争优势。

站在文化认同结构视角来看，自我传播的李子柒对中国民俗文化的全球传播更多使用的是一种“自然”状态的视觉符号，构建出不同文化结构都可以接受和认可的数字影像，如神秘的东方仙境，这里需要进一步调研李子柒视频受众中海外华人所占比例，如此才能判断李子柒视频对受众的影响力。但不管是对内凝聚力还是对外同构力，李子柒视频都推动了中国故事的国际化传播。

（二）《美国工厂》的他塑符合现代主义认同结构

在现代主义认同结构中，一切商业文明中的运行逻辑都产生效果。《美国工厂》所强化的就是一种商业逻辑。虽然表面上展现的是文化冲突、当地劳工组织和中国企业管理层的理念冲突，但是站在文化认同逻辑视角看，这种文化的融合是反群体“可识别性”的，原因在于工人失业需要获得物质保障，而要获得物质保障他们必须放弃原有的企业文化和生活方式，比如工作时间和休息时间的比例，比如干活的速度和容错率。视频中强调了安装汽车玻璃的工人最终被机器人取代，这是现代化过程中技术要素不可逆转地替代了体力工人的劳动的体现。

《美国工厂》中的文化认同实则是对现代性的认同，对文明的认同。这部纪录片之所以受到整个西方世界的认可，不仅仅是因为大家聚焦于文化冲突，聚焦于世界工人的境遇。站在现代主义认同结构视角，我们发现纪录片体现了人们对生存模式的重新认知，是西方世界中的人们在各种经济危机、经济增长放缓、大量失业率背景下对中国经济模式的思考，对中国企业的接纳，对中国投资的渴求。商品是文化的载体，文化是商品的附加值。

“他者言说”的《美国工厂》这部纪录片，更多站在现代主义结构视角，用相对理性、客观、冷静的态度记录下了中国投资人、管理层和美国劳工之间的群体差异、文化冲突、协商谈判以及双方协同努力达成共赢这件事。这部影片的创作者说，希望作品“能够成为两种文化互相理解的一座桥梁，希望两国民众通过电影看到双方其实有更多共同之处，不管他们所处的背景有多不同，但他们其实是一体的”①。

由于技术力量对全球经济格局的重构，同时数字影像需要依托技术力量进行全球化传播，因此只有在技术普及的基础上才能降低准入门槛并拓宽传播受众的广度。如果在乔纳森·弗里德曼的“现代认同空间‘极’结构”的基础上增加“技术”这一维度，会出现什么效果呢？笔者将用三维空间图说明这个问题。

（三）现代认同空间的三维结构

这里三维结构的模型是将“传统主义”（左）和“尚古主义”（右）放在横坐

① 刘阳. 希望它成为中美民众互相了解的一座桥梁——访《美国工厂》导演 [EB/OL].(2019-10-08)[2023-02-05]. https://baijiahao.baidu.com/s?id=1646836265366718082 &wfr=spider&for=pc.

标的两端，将“后现代主义”（下）和“现代主义”（上）放在纵坐标的两端。同时增加空间轴技术坐标“群体识别性”（后）和“技术主义”（前）（如图 6–1）。

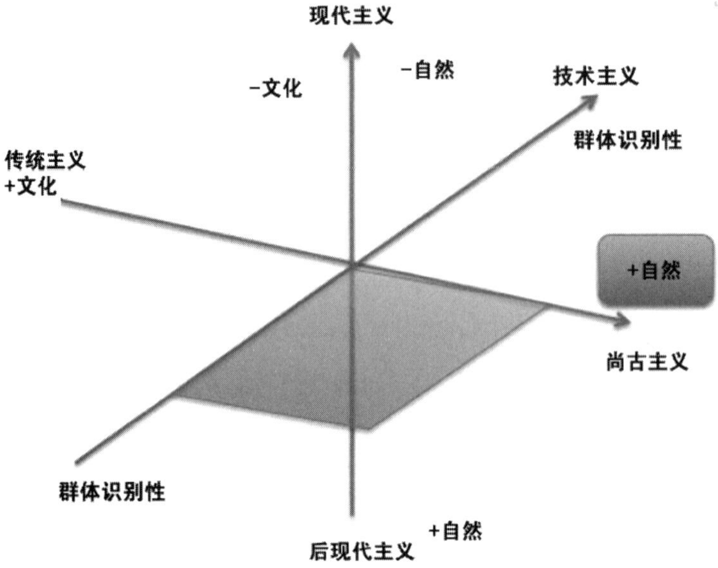

图 6–1 现代认同空间的三维结构

我们站在人类学的角度理解自然的客观性，对照表 6–1 的文化认同结构和文化类型，可以判断它是一种尚古主义。而后现代主义由于是对现代主义的批判和反思，所以也站在了“自然”这一端，技术的发展加速了社会群体经济实力的分化，因此技术主义和族群识别性处于空间轴的两端。对照图 6–1，我们发现李子柒视频处于“右—前—下”的空间场域，而《美国工厂》更侧重于技术主义、现代主义和传统主义，所以在三维空间中处于“左—后—上”的空间场域。

这再次印证了一点：数字影像作品在跨文化传播过程中，自我传播和他者言说居于不同的文化类型和文化认同空间结构里，成功的自塑和他塑并不在一个空间维度。比如将崇尚技术主义的指标所带来的经济成就放入空间坐标中，群体内部成员愿意聆听讲述者的经济增长故事，而群体外部成员可能会反感。外部成员或许更愿意看到“族群识别性”这一面，即弱化科技力量的展示，这一观点还需要更多数字影像案例的对比实验研究加以论证，本书只提出一种理论可能。

四、跨文化传播中自塑和他塑的符号表达

数字影像是国家形象建构的视听展示形式和权力话语生产的工具。如何在自塑和他塑国家形象过程中占据主动？寻找文化认同是基础，扩大认同是方向，在认同的基础上实现自塑对他塑的统辖和引导是关键。在对比李子柒 YouTube 视频和纪录片《美国工厂》的过程中，笔者发现自塑和他塑在符号表达层面有差异：自塑较多使用共情符号，而他塑较多使用协商符号。

表 6-2　李子柒 YouTube 视频的共情符号分析

共情符号	以年货小零食特辑为例 发布时间 2019 年 1 月 31 日 播放量 6,004.9 万次	YouTube 网友留言 3.9 万人次 83 万人次点赞 选取有代表性的归类
审美符号	零食制作：色彩、配乐、构图、装饰、家居布置等	看了你的视频我今天把自己的房间打扫干净了（英文翻译成中文）
自然符号	橘子、柚子采摘、小狗、山景、树木、鸟鸣等	这就是我做梦都想要的生活！每次看你的视频都是一种心灵的治愈。虽然在疫情之中，但对美好生活充满希望，期望早日重回大自然。（留言中文、英文都有）
人性符号	人与自然和谐相处；人与动物友好共处；人与人之间充满爱	感觉她好勤劳！她太可爱了，感觉她奶奶也一定非常可爱！（英文翻译为中文）

（一）自塑的共情符号

共情是理解和分享他人情感状态和情景，[①] 是指两个以上的人在信息交流活动中互相产生了一种情感上和精神上的共鸣和延展，并且对信息内容的认知和理解大致相同或相近。[②] 丹尼尔·贝尔认为文化是符号化经验的表达。[③] 现代社会各种符号的力量，不仅仅来自信息创作者的鉴赏力，更是来自人类追寻意义的需要，来自人类对文化的需要。[④] 意义的外形能够让一个符号具有表意的作用，除了外延涉及的东西之外，它也能够传达其他暗指的、含蓄的意义。这些意义的形式也是社会知识的形式，它们来源于社会实践、制度的知识、信仰与各种合法的东西，它们散播在

① COHEN D, STRAYER J.Empathy in conduct-disordered and comparison youth[J]. Developmental psychology,1996,32(6):988–998.
② 邵鹏．论纪录片“他塑”中国形象的共情叙事和共情传播 [J]. 现代传播（中国传媒大学学报），2020(4).
③ 席勒．信息拜物教：批判与解构 [M]. 邢立军，方军祥，凌金良，译．北京：社会科学文献出版社，2008：24.
④ 杰哈利．广告符码：消费社会中的政治经济学和拜物现象 [M]. 马珊珊，译．北京：中国人民大学出版社，2004：190.

社会的各个角落，设定好人们将以什么样的意义模式来理解这个世界。

第一，李子柒视频中所展现的是中国现代社会年轻人重返乡村与祖辈生活在一起的山水田园生活，她靠自己的双手制作出一件件器物，用自然环境中产出的果实承载这一日三餐，这一切都阐释着现代社会价值认同中的“与自然和谐共处”理念，抚慰着在经济浪潮中感到疲累的人们。

第二，李子柒 YouTube 视频对于国人而言是自我形象塑造和传播，对于非华人受众而言却是一种“他者”的言说。一方面，由于商业视频需要实现受众最大化，点击量和广告收益最大化，因此，放在全球化社交平台上的作品李子柒选择了默片的形式，视频中更多出现中国南部乡村的自然景观，视频中有小桥流水人家、青山骏马、鸡鸣鸟唱犬吠、配合季节就地取材制作的美食等自然符号，反映了与奶奶相依为命、做饭给家人吃的全世界通用的“家庭和美”和“爱”的人性价值。这些共情符号在默片里，无须字幕的提示，外国观众只要被代入场景，即可体会到他者文化中的美。

第三，李子柒的视频，画面唯美，“饮食以节”唤醒人们对生活的热爱和憧憬，“花开有声”让人在平淡的生活中感受到自然和心灵的美。少用语言，多默片形式，因为言多必失，翻译也会带来误解，尤其是在 10 分钟左右的时间里让受众明白文化差异非常具有挑战性。但是审美符号、自然符号和人性符号的共情效果都不需要通过“他者言说”和“自我表述”来实现，视觉符号的传播是远远早于语言传播的，并且其共情效果好。受众会按照自己已有的生活经验去解读，不需要文字的引导，少量的说明就足够了。

（二）他塑的协商符号

按照罗兰·巴尔特（Roland Barthes）在《神话学》[①] 一书中所说的，外延指的是语言这个层次，而内涵则是深化的层次了。在意义的建构过程中，许多不同的要素如“参照系统”“仪式 / 展示”“内涵”等概念统一起来就是符码（Code）。[②] 一个符码是经验的储藏地，传者与受众都能从共情符号中取得素材，参与意义的建构，但是如果双方缺少共情的基础和背景积累，那么就可以使用协商符号来沟通。

第一，协商中的语言符号。在《美国工厂》中，由于纪录片自身的特点，对

---

① BARTHES R.Mythologies[M]. London: Penguin,1973:37.

② 杰哈利 . 广告符码：消费社会中的政治经济学和拜物现象 [M]. 马珊珊，译 . 北京：中国人民大学出版社，2004：155.

他塑的主体主要采用了语言符号、文化符号和价值符号。刚开始两位美国导演只想要跟踪拍摄美国工人的处境，后来发现需要了解中方员工、管理层的想法，才能如实还原、呈现纪录片本色，于是他们邀请两位中方制片人。纪录片的特点是中英文混杂，在采访中国员工的时候用中文，采访美国员工的时候用英文，同时配有中英文翻译字幕，这种语言使用和字幕呈现方式体现了纪录片所追踪记录的是一个文化交融、认知冲突、协商谈判、沟通共赢的过程。吉利安·戴尔说符码是“一整套的规则或一种为传播者和接收者公知的解释性机制，它能赋予某种意义或内容以某个符号”①。霍尔认为，媒介必须通过信息的制码生产出“有意义”的话语，而这个过程是在多种因素包括知识构架、生产关系与技术基础等的塑造下完成的。

第二，协商中的文化符号。对于协商符号的解读，不仅需要使用聚合的（paradigmatic）结构（即使用文本以外的资源），还需要使用组合的（text）结构（即纯粹对文本进行内在解读）。② 在《美国工厂》中，如工会进入工厂的投票仪式，工人公开与企业管理层有组织地对抗，工厂竣工典礼上议员致辞和投资方期待之间有差异，年纪大的工人租房子住，离异的工人给孩子买鞋穿，这些都体现的是西方视角下的企业管理文化、政治文化、生存文化等，站在中国人的角度是不能理解的，因为中国和美国存在工资待遇差异、工作环境差异和与资方谈判的话语权经验差异。制度化的差异一方面通过小人物的日常生活呈现，另一方面通过“vote”等字母牌来展示。

第三，协商中的价值符号。对于中国人而言，《美国工厂》是外国人在讲述中国商人在美国的故事，从内容角度看是他者的言说，对于西方受众而言却是一种自己人的解读。从叙事的角度、思维结构、对受众接受度的把握、故事讲述的模式、互动叙事的表达、冲突和不完美的体现可见，思维模式都是美国化的，或者说是西方的。《纽约时报》称该片通过“讲述复杂的、扣人心弦的、时代性的、形式优美的故事，考察了美国劳工的过去、现在和可能的未来”③。加拿大严肃影评杂志 *Cinema Scope* 则将这部纪录片称为“美国近十年来最精彩的纪录片之一”。对于北美而言，这部纪录片取得了巨大成功，屡屡获奖，更容易获得多方人士的讨论。这并不一定体现认同，但是充分的关注和讨论有利于化解冲突，协商过程中双方容易

① DYER G.Advertising as communication[M]. Oxford:Routledge, 2008:131.

② WHITE H.Structuralism and popular culture[J]. Journal of popular culture,1974,7(4):759.

③ 邵鹏．论纪录片“他塑”中国形象的共情叙事和共情传播 [J]. 现代传播（中国传媒大学学报），2020(4).

达成共识，达成共识便是一种进步。

对比李子柒 YouTube 视频中的自塑和《美国工厂》中的他塑，我们发现，对外传播过程中，前者更适合使用自然符号和人性符号，不管是为了原有生活群体空间上离散后在情感上实现连接，还是为了实现在文明认知上的互相谅解，都能达到较好的传播效果。他塑呈现出的他者的价值符号和文化符号有待于进一步讨论。

五、互动仪式中的有效传播

在跨文化传播的数字影像作品中，不管是自塑还是他塑，无论是使用共情符号还是协商符号，都存在创作者和受众之间的互动，而互动仪式策略正是实现有效传播的关键所在。“互动仪式”概念出自戈夫曼，是指一种表达意义的程序化活动。这类活动对群体生活或团结性来说具有重要意义。如涂尔干早就提出，宗教仪式具有整合作用。在传统社会，人们的活动是高度仪式性的，但在现代社会，则是低度仪式性的。仪式类型的不同，所反映出的群体成员类型和群体意识也不同。柯林斯提出：互动仪式的核心机制是相互关注和情感连接。它形成了一种瞬间共有的实在，因而会形成代表群体团结和群体成员身份的符号。数字影像的传播，一样存在着类似的互动仪式。受众对传者的视觉符号、语言符号、叙事结构注入情感和关注，借此解读数字影像背后的意义。

（一）视觉符号中的互动仪式

《美国工厂》的拍摄者史蒂文·博格纳尔和朱莉亚·莱克特是两位专业的纪录片导演，他们都是代顿当地人，长期关注当地劳动者和制造业等议题，之前 HBO 出资拍摄过一部代顿通用汽车工厂关闭的纪录片《最后一辆卡车：关闭一家通用汽车工厂》。美国影评人大卫·埃德尔斯汀（David Edelstein）在《纽约时报》旗下的网站 Vulture 发文表示，片中很难让人忽视的信息是，中国工人身材苗条，姿势优美，笑容满面，而美国工人体态臃肿，萎靡不振。而且，美国工人经常抱怨，当他们不得不在高温环境里工作 10 分钟时，他们就会毫不掩饰地表现出疲惫。[①] 除此之外，

① EDELSTEIN D. Exclusive: the obamas'netflix doc'American factory'to launch nationwide social-impacttour[EB/OL].(2019-08-29)[2022-10-29].https://www.fastcompany.com/90396477/exclusive-netflix-obamas-american-factory-launch-nationwide-social-impact-tour.

纪录片中出现了通用汽车关闭工厂后各种代顿萧条的城市环境和福耀入驻后城市繁荣样子的对比画面，从一个消防报警器的安装位置到厂房大门的设计更改，福耀雇用的美国高级管理人不理解投资人曹德旺为何要在意这些细节，但是中方管理层同样不理解“为何如此简单的小事竟然要改来改去，太浪费钱了”，希望“做事之前能够充分思考”。

诸如此类的细节符号，展现了双方在冲突和协商过程中互相理解，在差异中寻找共性，关于劳工利益保障、每天工作几个小时、如何给付工资等这些差异，大家在沟通协商中达成谅解，明白对方为什么会和自己有截然不同的态度。

李子柒 YouTube 视频中所用的视觉符号互动更多，比如人与器物之间的互动，人与动物（小狗、马）之间的互动，人与人（奶奶、邻居）之间的互动，这些通过影像符号、构图配色、场景布置一一被展现出来。受众在观看过程中能够想到自己的一日三餐、亲人和朋友、宠物、自然环境。视频呈现了人与人、人与动物之间高度的互相关注和高度的情感连接，即视频通过展现人与人、物的协调一致吸引观者进入画面，受众的神经系统产生了与认知符号相关联的成员身份感，获得了情感能量，进而有信心、热情去做展现生活美好和生命活力的事情。

（二）语言符号中的互动仪式

会话同样也是一种仪式。会话类似于人们一起唱歌，大家因共同关注的话题，共同创造了一种会话的实在。柯林斯认为，互动仪式过程中，情感能量是一种重要的驱动力。如在《美国工厂》中，在 2016 年 10 月 7 日举办完庆典之后，美国工人见到中国企业家曹德旺后表达了他们的感激之情，邀请他“来家里做客，一起吃美国烧烤 BBQ”。美国工人邀请中国人去家里烧烤，像朋友一样相处。但是工会是否能够进入福耀代顿工厂的问题，使美国工人对中国投资人和管理层不再像刚开始获得工作时那么友善。这里美国工人的情感能量发生了变化，从最初的感激、期待转变为失望、牢骚、苦闷，进而他们组织罢工，被辞退后继续站在工厂门口举牌抗议。

中国改革开放四十多年来，经济发展取得了巨大进步，这也让中国企业文化形成了“生产力等同于幸福”这样一种认知。但是这一观点在美国工人的价值观中很难奏效，中方投资人希望失业工人对于企业提供就业机会心存感激，但是美国工人希望获得更多的报酬和更少的劳动时间、更低的劳动强度。美国影评人也在反思自己的文化，“我们给了孩子太多的鼓励和自尊，美国人太喜欢被奉承，无法接受中国工友直接指出自己工作中的问题”[①]，“这部纪录片教会我们如何向中国文化学习”。这些细节在纪录片中都是通过会话的形式呈现的，虽然中国人看中文，美国人看英文，但两种文化背景的受众观看该纪录片毫无障碍。成功的互动仪式不仅要有共同的关注点，而且要建立群体共生的积极情感，这种积极情感的产生需要人们有一样的价值认同和文化背景，这也是他塑中的难点所在。

（三）互动仪式市场中的有效传播

在互动仪式中，市场资源包括情感能量和文化/符号资本这两个方面。其中文化资本包括对以往交谈的记忆、语言风格、特殊类型的知识或专长、决策的特权以及接受荣誉的权利。人们将与谁、以何种仪式强度进行互动，取决于他们所拥有的机会，以及他们能够互相提供什么来吸引对方加入互动仪式。这涉及双方的资源、地位、交换等因素，因而人们的互动具有市场性。李子柒在 YouTube 上发布的视频是一个外国人接受和理解中国文化的很好渠道。

在自塑领域，结合文化类型、文化认同的三种结构、空间维度，更建议使用共情传播，即审美符号、自然符号和人性符号。而对于他塑领域的作品，我们需要区别对待他者作为主体传播的意图和文化认同空间。如《美国工厂》中的两位导演来自代顿当地，他们对工会进入工厂的态度是支持的，但没有在纪录片中直接表达出来，只是用纪录片中的语言符号、文化符号、价值符号等表现出来。

在互动中，人们对时间、能量、符号资本和其他他们能应用的资源进行估计，然后选择那些能够最大程度增进他们情感的方式。随着中国经济的对外输出，不管是“一带一路”国家，还是欧洲、美洲等国家，其民众对中国企业都有迫切的现实生存需求，他们需要了解在不同文化背景下的现实工作处境中应如何沟通，是否有互动仪式的范本参照。

在全球化场景和社交网络发达的今天，国家形象塑造的话语权由西方国家掌控到由网络多元主体掌控，这给中国价值观及文化传播带来新的挑战与机遇。如何建构数字影像的表征体系，通过专业用户生产内容来讲好中国故事，传播好中国声音，不仅关乎国家形象的外部认知，更关乎中国人的民族根基“文化自信”的树立。如何在全球化背景下保持文化的自主性，如何让价值的、伦理的、日常生活世界的连

---

① EDELSTEIN D.Exclusive: the obamas'netflix doc ‘American factory'to launch nationwide social-impacttour[EB/OL].(2019-08-29)[2022-10-29].https://www.fastcompany.com/90396477/exclusive-netflix-obamas-american-factory-launch-nationwide-social-impact-tour.

续性按照自身的逻辑展开，需要多元的传播主体加入数字影像创作行列，讲好中国故事，传播好中国声音。

第三篇

实践篇

随着全球化市场和社交网络的发展，国家形象塑造的话语权从西方国家掌控到网络多元主体掌控，这给中国价值观及文化传播带来新的挑战与机遇。宣传片集中呈现了国家形象建构和权力话语生产的实践。如何在自塑和他塑国家形象过程中占据主动？寻找文化认同是基础，扩大认同是方向，在认同的基础上实现自塑对他塑的统辖和引导是关键。建构国家形象的表征体系，通过形象宣传片讲好中国故事，传播好中国声音，不仅关乎国家形象的外部认知，更关乎中国人民族自信根基“文化自信”的树立。

本篇包括中国企业海外媒体投放的数字广告对比分析、奥运会宣传片的视觉修辞分析以及国际品牌在中国市场的跨文化沟通分析三部分内容，将跨文化传播过程中的理论具体化、载体化、实践化。

奥运会作为世界性比赛受到不同国家、地区、文化背景的体育爱好者的关注，奥运会既是体育健儿一展身手赛出水平的竞技台，也是各国商业品牌争相展示企业形象的平台，更是主办国政府向全世界展示国家形象的重要舞台。基于此，第八章将 2004 年第 28 届雅典奥运会到 2022 年北京冬季奥运会共计 10 届奥运会的 10 支官方制作的宣传片与 10 支同期 BBC 制作的宣传片进行对比，从奥运会宣传片的宣传口号、视觉元素、故事文本、品牌标识等方面进行对比分析，从文化的人类学特征、族群的识别性特征和意识形态的政治性特征三个维度去解读奥运会宣传片的自塑与他塑在视觉修辞和文本叙事方面的差别，发现 BBC 作为西方主流媒体在历届奥运会宣传片中话语建构的“意识形态”政治性隐喻对主办国的区别对待，以及不同国家在奥运会宣传片中自我呈现的族群性、识别性特征，以期为讲好中国故事的宣传片的自塑策略提供借鉴。

第七章　企业出海数字化与品牌塑造

随着数字广告的兴起，企业主投放移动端流媒体广告呈井喷趋势。面临全球化竞争，中国企业势必会面向全球市场投放产品和形象广告。从 2017 年在戛纳获奖的百度 AI 眼镜“孝道文化”广告的传播，到京东 618 消费节在美国投放“红的故事”乐高积木广告，再到华为在非洲致力于电力节能的企业形象广告的投放，这些都说明中国品牌在海外的传播正在转向技术化、本土化和公益化。本章选取一家中国出海企业在 Facebook 上的广告投放情况，分析中国企业数字广告海外投放环境，基于人工智能广告和视频广告的发展趋势提出中国品牌海外传播的新路径，即以中国制造为本，以中国元素为纲，以中国文化为魂，深入挖掘国际潮流新趋势，对接西方消费人群，讲好中国品牌故事。

一、中国企业海外传播存在的问题

A 公司属于中国早期出海的企业之一，旗下多款游戏应用居于美国 Google Play 排行榜第一，并且具有自主研发的移动广告投放平台，在海外移动应用开发和广告投放领域具有丰富经验。A 公司目前有多款自主开发的产品并在 Facebook 上投放了广告，下面以一款手机应用的广告投放为例，说明 A 公司的投放策略。该产品属于安卓系统手机个性化应用，主要功能为提供个性化手机界面，包括 3D 手机主题、一键加速、动态壁纸等。

这次广告投放属于短期跟热点爆发式买量策略，虽然短期内能获得大量安装量（如图 7–1），CPI 降低，但缺点是无法为广告主提供长期稳定的下载安装量，并且广告吸引来的用户在热度过去后不一定会留存该产品，进而影响日活跃用户数值。

首先，中国企业广告在海外传播的过程中，需要考虑中西方不同的文化背景、社会背景和消费者不同的认知体验。以中国 APUS 手机系统进入阿拉伯国家为例，由于阿拉伯语是从右往左书写的，在 Google Play 的评分体系中，五星是最高的评价，但阿拉伯国家根据习惯一致认为一星才是最高的，所以用户一旦觉得你的产品好，就会在下方评价“very good”，然后打一星。

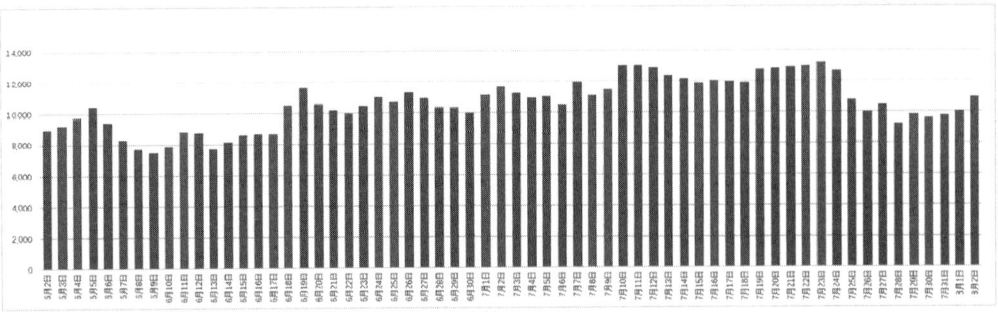

图 7-1　B 产品 6—7 月每日用户安装数据

其次，从中观层面来讲，同样的广告语并不适合所有的消费者，中国品牌需要考虑品牌个性输出的本土化问题。以华为为例，最初“荣耀”准备在欧洲发布中文口号“勇敢做自己”的直译版本——“Bravely Be Yourself”，但跟代理机构商讨后，发现直译版本不太符合西方文化，因为“欧洲人觉得做自己就是做自己，不需要勇敢”，故广告应该将关键概念锁定在“勇敢”而不是“做自己”上，由此，“For the Brave”得以诞生。可见，跨文化品牌传播要求传播者对当地的文化有深刻理解和洞察。

最后，全球化过程中所有的消费者都面临着信息爆炸的挑战，如何在有限的时空内吸引消费者，是品牌传播的关键。诺贝尔奖获得者赫伯特·西蒙在预测当今经济发展趋势时指出：“随着信息的发展，有价值的不是信息，而是注意力。”所谓注意力经济可以理解为，人类能够把注意力集中在处理信息上的能力有限，即注意力有限，而世界上的信息无限，这就形成了一种类似经济学的有限资源与无限欲望的对价关系，注意力甚至比实际货币的影响更大，关系到该企业或个人的收益，所以被称为注意力经济。10 多年前，Google 虽然已经成为世界上最大的搜索网站，但 Google 的理念是分发流量，帮助人们提高效率，人们找到所需信息就可以离开 Google 去其他网站。近些年很多大公司都试图让做出的产品占用用户时间，尽可能地让用户长时间停留在自己的服务范围内，从而尽可能多地占有用户注意力资源。注意力作为唯一的稀缺资源，目前已成为各大流量巨头争夺的关键资源之一。

二、企业出海品牌自塑的传播策略

数字广告的兴起让企业主投放移动端的流媒体广告呈井喷趋势。中国企业也正面向全球市场投放广告。中国品牌在海外的传播正在转向技术化、本土化和公益化，以下我们以几个案例进行详细阐述。

（一）数据驱动传播：百度智能穿戴

中国传统节日在海外的传播形式以公益广告为主，如在重阳节广告中多表达关爱老人、重视老人的思想情感，商业成分较少，广告传播的思想即中国人重视的家庭伦理观念。调查显示，外国人对中国文化的兴趣点落在了“关系”上，包括我们说的“亲属关系”。2017 年 6 月 7 日，戛纳国际创意节公布了当年创新狮的入围名单，其中一部中国作品入选，即百度和 F5 上海联手打造的 Know You Again。中国有 900 万阿尔茨海默病患者，这是一种起病隐匿的进行性发展的神经系统退化性疾病，这种病的主要症状是记忆障碍、失认、视觉空间技能损害等，病因迄今不明。百度运用 AI 技术为他们制造出一副特殊的眼镜。患者戴上这副眼镜后，眼镜可以自动读取所视对象的外貌特征，通过细微的差异判断出身份并语音传递给患者。

中国的哲学和伦理体系与西方的有很大差异。西方的伦理在很大程度上受到科学实证主义的影响。西方文化中人与人彼此具有高度的可替代性，缺乏中国传统文化中高度情境化的人际关系。然而，人们有对父母亲人的浓厚情感，这种情感并不因地域之界限而能划分出情感的浓和薄，只是生活方式不同而已。所以，西方人能理解以“孝”为核心的中国传统文化，能理解中国人对父母倾力赡养的情感，在此共通情感基础上的对外传播能减少文化冲突，达到深入人心的效果。与此同时，宣传百度最新 AI 眼镜技术的广告，让中国创造的概念与传统文化一起深入人心。

（二）微目标的传播：京东红的故事

2017 年，京东不仅延续 2016 年推出“红的故事”，同时还在此基础上用乐高产品拍摄微电影《红的任务》，希望通过“红的故事”传递品牌的温度和属于京东小哥的力量。2016 年，京东品牌推广的定位主要是展示行走的力量，让消费者能够直观地感受到运送每一单快递背后的艰险、辛酸以及艰苦。2017 年，京东希望传达守护的力量这一理念，电商的发展与国家的繁荣息息相关。因此在 JD Red Story 第二季，京东挑选出了象征国家荣耀的地点，通过对国家成就贡献大的收货人及小哥之间的对话来揭示平凡背后的不凡，展现京东的物流和服务与时代共成长。

在海外传播过程中，京东充分考虑到乐高产品在美国深入人心，所以采用乐高积木搭建场景，邀请 12 名乐高高手耗时 7 天完成场景搭建。拍摄制作过程中，京东经过多方位对比，最终采用了逐格动画的高难度形式。片中没有蝙蝠侠，没有超人，只有着红色工服的乐高快递员，电影讲述了快递员从送货到货物被劫持，再到打败坏人的故事。片中企业员工保护运送的货物时散发出的英雄气质，不仅与企业形象高度融合，而且有效传递了中国红文化背后勤奋、踏实和勇敢的品质。美国专业杂志 *Adage* 专门报道了这次品牌传播事件，评价中国品牌在对外输出的过程中很好地融入了当地文化，利用美国消费者日常玩具有效输出了中国品牌。

（三）品牌参与传播：茅台酒的非洲推介

2017 年 11 月 17 日，茅台集团在非洲举办了一场“香遇金色非洲——文化茅台走向‘一带一路’”的品牌推介活动。众所周知，亚洲和非洲都是人类最早的繁衍地。6000 多年前，中国发明了谷物酒，非洲则发明了啤酒，古巴比伦发明了葡萄酒，它们成为世界三大酒文化发源地。这说明虽然肤色不同、文化背景不同、语言不同，但文化可以相通。中国和南非更是肩并肩的友好合作伙伴，这两个生机勃勃的重要经济体，有力地推动着世界经济可持续发展。南非的经济一直保持着稳定增长势头，南非是中资企业投资兴业的重要市场。而随着“一带一路”倡议的推进，在南非投资的大型中资企业已超过 100 家，茅台便是其中之一。

面对不喝白酒和高度酒的非洲人，茅台集团主动融入当地饮酒习俗。在茅台鸡尾酒会上，“赤水情缘”“金色原野”“岁月流金”“彩虹丝路”等新创鸡尾酒体现了茅台酒与非洲文化的有效融合，它们深受南非嘉宾欢迎。与此同时，为了强化海外市场的品牌专属性，茅台集团推出贵州茅台走进非洲纪念酒，该纪念酒为 53 度，分 375ml、750ml 两种包装，瓶身绘以南非和茅台的图腾形象，寓意中南建交 20 年所凝结的情感深厚，也象征中国同非洲所推崇的“自然”与“和平”理念。2017 年，茅台的非洲市场份额仅占国外市场 1% 左右，茅台集团以开普敦和南非作为翘板，迈出打开整个非洲市场的第一步。

茅台集团历来重视海外市场发展，产品国际化、品牌国际化和市场国际化进程不断加速。1915 年，茅台集团远赴旧金山参加巴拿马万国博览会，智摔酒瓶获金奖，由此开启一段走向世界的百年征程；2015 年 11 月 12 日，茅台集团重返旧金山，举办“茅台金奖百年”庆典，收到了旧金山市市长李孟贤送来的大礼——将11月12日定为旧金山市“贵州茅台日”；2016年11月12日，茅台集团再次来到旧金山，举办“贵州茅台日”一周年活动；2016年12月，茅台集团在国家“一带一路”政策的倡导下，在德国汉堡成功举行了“与德国干杯——中国茅台‘一带一路’行”大型活动。截至2017年10月31日，茅台集团共出口茅台酒及系列酒1,622.69吨，出口创汇28,126.59万美元。目前，分布于五大洲66个国家和地区的104家海外经销商、全球50多个国家的重要免税口岸的450余家免税店销售茅台。2020年，茅台酒海外销量占茅台酒总销量的10%以上。

（四）情景演绎传播：舞动玻璃栈道

张家界玻璃栈道的修建过程中，工人们历尽艰辛，如何将工人们的吃苦耐劳精神和绝妙美景融合在一起传递给国际受众，吸引全球游客来此观光，是当地旅游部门探索的难题。最初，当地文化部门拍摄了工人修建玻璃栈道的场景以及异常美丽的景色，但是在国外反响平平，很难吸引爱冒险的年轻人。后来有网友建议应该在玻璃栈道上跳街舞，并拍摄视频发到自媒体平台上。当地旅游局采用了年轻网友的建议，组织年轻人在保障安全的情况下拍摄了一段热情洋溢的街舞快闪视频，并将其投放到海外的自媒体平台，该视频被大量粉丝转发，受到了年轻人的追捧。这个事件告诉我们，面向国际受众传递信息，一定要找到吸引对方的价值点，这样才能达到说服的效果。

伴随着技术的发展，媒介日渐成为人们生活中的一部分，全球性视频分享平台由于符合受众的媒介使用偏好，在世界范围内飞速发展。中国企业在品牌出海过程中意识到YouTube、Twitter等一系列视频分享平台的传播影响力，开始纷纷主动开设账号投放数字广告，以获得最大限度的受众关注度和品牌好感度。进入新时代后，中国实力快速增长，但国际社会对中国形象的认知度依旧不高，大多数人仅停留在对中华传统文化和符号的浅层认知上，甚至会受到美国社会或其他西方社会媒体传播中国“威胁”论思想的影响，因此，我国品牌在国际上的传播力度并不大。如何在这种背景下讲好品牌故事，传播好品牌声音，是中国品牌出海自塑的关键。在中美贸易战中，华为成为舆论的焦点。华为的品牌调性被政治事件和危机公关所塑造，成为中国品牌的代表。其实，华为早在2015年就以音乐宣传片“dream it possible”享誉全球。政治因素的舆论漩涡一方面可以对该品牌形成强有力的社会监督，另一方面也为产品带来了更大的全球声誉和来自全球消费者的认可。当然，这要归功于华为过硬的产品技术。本文以华为在 YouTube 平台上的官方账号为研究对象，选取 15 支播放量高的广告片，通过广告内容分析、话语分析和传播效果分析（播放量、点赞数、评论数、购买水平），探析从产品认同、技术认同到品牌认同、文化认同的内在逻辑和传播路径，为中国企业海外品牌形象自塑提供借鉴意义。

三、中国品牌出海自塑的四个维度

在消费主义社会中，一个企业要想赢得市场就必须满足消费者的特定需求，向来以“中国制造”著称的中国企业要打造中国品牌依然需要从产品入手，满足消费者对产品功能的需求。中国企业品牌自塑的第一步就是产品的功能自塑。

（一）功能自塑：产品满足受众需求

首先，数字广告文案中表述功能的词出镜率高。我们通过多模态话语使用 Atlas.ti 的编码，对 15 支广告片文字内容词频进行统计分析，发现出现频率最高的词是“HUAWEI”，品牌自塑过程中，描述华为品牌功能的词汇占大多数，如“tap”“camera”等（见表 7–1）。从受众调查中也可以发现，对于这类科技型的产品，受众会对其功能和可操作性更为关注，因此，华为在进行品牌形象自塑过程中也注重与受众的意向相结合。同时，华为在宣传产品的过程中较少将产品上升至更高的受众需求层次，自我实现方面的价值语言的较少。在文字传播过程中，华为有意识地将中国哲学思想与品牌价值相结合，较多使用“together”（共同）一词，展现出品牌的包容性。广告“Introducing the new HUAWEI MatePad Pro”的文字表现手法与 HUAWEI WATCH 3 的相似，介绍了 pad 的屏幕大小，色彩精度，以及华为 M–Pencil、3D 深度传感相机等功能。而与 HUAWEI WATCH 3 不同的是，该广告在介绍产品的基础上，为产品加入了产品调性，在视频最后出现了产品 slogan“Expand Your Creativity”；广告“Introducing the new HUAWEI Mate 30 Series”中，也是以产品的创新为主要卖点。Mate 30 系列的介绍以“RETHINK”开头连接后面各个产品功能，给人一种创新的产品理念，该广告从屏幕设计、手势遥控、相机性能、快速充电、5G 五个维度展示手机的强大功能，最后出现广告语“Rethink Possibilities”，点明了产品功能的创新性。

表 7-1　华为数字广告词频分析

<table>
<tr><th colspan="2">内容单元</th><th>关键词</th><th>数量</th><th>词频</th></tr>
<tr><td rowspan="2">内容</td><td>功能性</td><td>tap10 | capture9 | one9 | bit8 | camera7 | connect7 | photography7 | introducing6 | creative5 | smart5 | control4 | App4 | visit4 | night4 | visionary4 | vision3 | light3 | innovative3 | powered3 | simple3 | charge2 | slow2 | dual2 | wireless2 | future3 | detail2 | intelligent2 | inspiring2 | sound2 | detail2 | supersensing2 | discovery2 | display2|</td><td>33</td><td>135</td></tr>
<tr><td>娱乐性</td><td>story8 | image7 | summer3 | vogue3 | sports2 | design2 | working2</td><td>7</td><td>27</td></tr>
<tr><td rowspan="2">互动</td><td>社交</td><td>travel6 | share4 | learn4 | find4 | day3 | things3 | matter3 | consumer3 | time3 | world3 | join3 | year3 | come3 | moment2</td><td>14</td><td>44</td></tr>
<tr><td>品牌</td><td>HUAWEI59 | Series15 | Pro9 | Watch6 | Ultra5 | Leica4 | MatePad4 | Mate4 | App4 | Phone2 | Ceila2 | AppGallery2 | FreeBuds2 | MateBook2</td><td>14</td><td>120</td></tr>
<tr><td>自我</td><td>自我实现</td><td>new13 | together11 | more11 | rethink8 | next5 | possible4| break4 | make3 | better2 | explore2 |</td><td>10</td><td>63</td></tr>
<tr><td>共计</td><td></td><td></td><td>78</td><td>389</td></tr>
</table>

注：记录词频大于 2 的有关单词。

其次，强化产品性能和购买性价比。注重单一产品宣传的视频会使用大量文字详细介绍产品的功能特性。这类广告以明确的“Introducing”作为视频标题的开头，在广告片中展示每个产品独有的特性。广告“Introducing the new HUAWEI WATCH 3”同样以产品的功能为主要营销点，文字涵盖华为 eSIM 电话、出租车呼叫、短信通知、多达 3 天的电池寿命、运动跟踪、航班状态、心率监测、智能远程控制、音乐播放控制、远程快门等手表功能，每一种功能下有一串小标题字幕，详细介绍功能的使用说明，如在 eSIM 电话功能下，广告注明了“这一功能只在部分国家和地区可用，同时该功能依靠你的网络，请检查你的互联网通信”。该广告没有 slogan，仅单纯介绍产品的功能，类似于一个视频版的产品说明书。“Introducing the new HUAWEI P40 Series”也以基本的产品说明为主，同时在其中加入了剧情。HUAWEI P40 主要的商品诉求点是“Visionary Photograph”，因此，广告片极为注重对照相功能的展示，包括 100 倍放大、实时抓拍、夜间摄像等。

最后，将产品口号融入品牌调性。产品介绍类广告更多地凸显产品的功能属性。在广告“Together in just one tap”中，华为通过其 Huawei Share 的功能将包括 HUAWEI AppGallery、HUAWEI FreeBuds3、HUAWEI P40 Pro 等产品联系在一起，视频开头出现字幕“TOGETHER IN JUST ONE TAP”，展现出华为各个产品之间的连接功能以及该功能的便捷性。该视频中文字内容较少，以展示画面为主，因此我们会对画面进行更细致的分析。“HUAWEI X VOGUE—TOGETHER：CREATE THE FUTURE”广告以“together”为主要的品牌关键词，它没有将目光放在总结过去上，而是更多地聚焦于对未来的期待。华为海外与 VOGUE 合作拍摄，讲述了明星、广告总监、艺术家、剪辑师等共同合作完成一支华为广告的过程，其中出现的一些创意剪辑展示了华为产品功能，同时也呼应了视频主题“CREATE THE FUTURE”。此外，该视频也以“Together in just one tap”为广告核心文字元素，后文将分析画面对该核心诉求的展现。

综上所述，中国企业出海的产品的“功能自塑”采用的方法有三种，一是展示产品特性并配有专业的文字说明，形成一种类似于产品说明书的视频；二是将产品与剧情相连接，旨在对产品功能有所介绍；三是说明产品调性，词频较高的是“creativity”，从品牌形象自塑的角度来说，该调性可以使消费者在心中建立起一个高端、科技、前沿的华为产品形象。此外，视频中的文字更多的是点明产品功能或详细解释产品属性，视频中最后强调的功能是华为的相机功能。视频表现产品内在调性的方式较为单一，即在 slogan 处传达产品理念，而并未用情感性的文案引起消费者的共鸣。

（二）情感自塑：音乐沟通超越语言

卢梭说：音乐能使人们在心灵中产生经由视觉形象所引起的那种情感。在跨文化传播过程中，音乐一直被视为一种跨越国界和民族的语言。音乐作为人们生活中必不可少的一部分，在数字广告中也扮演着重要角色。西方音乐的源头并非都在西方，它的真正源头在公元前 4 世纪的美索不达米亚。古典音乐和现代流行音乐的差别在于：流行音乐注重音（经过现代音响技术的润饰）、形（激烈的身体运动）和光（舞台灯光）对人的感官刺激；而古典音乐注重音乐的内涵，让人们在音乐中感受爱、美及生命的意义。显然，刺激观众产生品牌好感和消费冲动的品牌音乐，更多使用的是流行电子音乐。华为广告的特点在于多是独创音乐。整体来说，华为广告不使用中国乐器，不展现民族特点。音乐具有独特性、渗透性，记忆点较多，如能将我国的优秀传统音乐与国际文化有机融合，华为品牌就能充分体现出“中国品牌”这一独特标签，将品牌与其他国际电子产品品牌区别开。从内容上看，华为品牌介绍方式以及征集摄影作品的发布形式更容易引起国外受众的共鸣，华为在广告制作过程中也倾向于使用高端科幻的画面和简洁大气的文字来展现产品自身的魅力和品牌价值。

音乐文化属于人的精神体验和心态结构的范畴，能够在潜意识中影响受众对品牌的认知和态度。本文根据丁洁对音乐类型的分析，[①] 从音乐风格视角对华为广告采用的背景音乐进行划分，共分为古典、民族和现代三个大类，本文将排名前十五的视频背景音乐进行分析，得出各类音乐的使用频次（见表 7–2）。

华为采用的视频背景音乐大部分为自制音乐，并没有对已有知名度的音乐进行二次创作，音乐和画面有较高的契合度。在全部自制音乐中，现代音乐是使用最多的音乐类型。19 世纪末到 20 世纪初，流行音乐成为民众不可缺少的精神食粮，自诞生之初就带有商品品格。华为在背景音乐中使用的电子音乐、摇滚音乐、新世纪音乐等都是在全球范围内受众认知度较高的音乐类型。随着 TikTok 的流行，视频快闪剪辑配合电子音乐的表现手法也逐渐被受众所接受，编码 1–4 的华为广告全部采用了类似的剪辑手法，均获得了较高的点击量。同时，由于社会节奏加快，受众对信息接收的潜在需求也展现出快速化、碎片化的特点，华为在制作广告视频时较多采用了快节奏的音乐，如编码 8 的视频，将关于华为手表的大量信息压缩在一个很短的时间内，配以轻快的爵士乐，突出表现了产品运行的高效性和流畅的使用体验。除此之外，华为也尝试创新背景音乐，如使用了新世纪音乐。该类音乐强调对心灵的净化，注重对环境的营造。编码 7 的视频为品牌广告，注重展现疫情期间华为手机对用户的陪伴。新世纪音乐配合低沉的英文旁白，帮助品牌传播出和谐、平衡的理念。

表 7–2　华为 YouTube 播放量前十的视频音乐类型统计

音乐风格	细分音乐类别	视频编号	频次总计
古典音乐	古典音乐	–	0
民族音乐	民族音乐	–	0
现代音乐	电子音乐	1、2、3、4、13、14、15	7
	摇滚音乐	5、6、10、11、12	5
	新世纪音乐	7、9	2
	爵士音乐	8	1
总计			15

① 丁洁 . 电影音乐类型探析 [D]. 天津：天津师范大学 ,2010.

（三）情景自塑：融入环境的品牌伴随

首先，通过事件营销邀请受众参与。文化认同的前提是文化接触和文化理解，对于视频广告来说，最直观的认知就是视频的播放量，这一指数能够反映出受众因对品牌和标题的理解而点击视频的欲望，同时播放量也是视频点赞、评论的基础数据。从播放量来看，排名在前两位的视频都是活动总结类视频，究其原因，一是这类视频得益于活动，华为先邀请受众参与到活动中来，让他们使用华为手机摄影摄像，因此视频拥有一定的受众基础；二是视频本身也具有一定的趣味性，可以看作他人分享生活的 plog，并且较为专业，容易引起受众注意。同时，视频标题以“Summer Camp”或是“Award”命名，使受众更加好奇，更感兴趣，如“Award”会使受众产生比较心理需求，即我拍摄的视频比没有获奖的人拍摄的更好吗？由于华为在对 P30 系列宣传期间主打其拍摄功能，因此也会有部分受众好奇使用华为手机拍摄的获奖作品究竟有多好。三是视频画面切换较快，符合当下年轻人的内容接收速度。鲜亮的画面色彩，让受众更容易沉浸在视频的氛围中，可以短时间内让受众通过画面了解到华为手机的功能和世界各地的文化；四是视频覆盖的人群较广，视频内出现多个国家的作品，容易让不同国家的受众产生认同感；五是两个活动总结类视频的时长都相对较短，第一个视频是 52 秒，第二个为 16 秒，容易促成受众的视频循环播放行为，从而使播放量上升。

其次，通过场景设定创造使用环境。在排名前 15 的华为视频中，活动总结类视频占据了播放量前四的位置。如“Huawei P30 Captures Your Summer”视频，华为以 P30 的 50x zoom 徕卡摄像头的强力拍照功能作为主要的卖点，并由此开展了“捕捉你的夏天”摄影活动。视频将摄像机的功能分为“LIGHT UP YOUR NIGHT”“CAPTURE ALL THE FINE DETAILS”“RVOLUTION FOR NEW VISION”三个，并进行 P30 摄影图片展示，分别强调了产品的夜晚摄影、图像清晰处理以及双视野图像的摄影功能，同时，在每张照片下标注了拍摄者的姓名以及国别，活动召集了来自纽约、越南、沙特阿拉伯、卡塔尔、泰国、拉丁美洲、埃及、中国（标注为珠穆朗玛峰）、意大利、非洲的用户参与。排在二、三、四名的“NEXT-IMAGE Awards 2020”活动中，文字表达较少，由于比赛为摄影比赛，因此图片的切换成为画面的主要内容。整个视频没有出现明显的华为品牌标识，而是采用了同第一个视频一样的标注手法，在右下角注明了拍摄者姓名以及使用的华为手机型号。

最后，在疫情中发声，突出品牌伴随。“Better Together—A Look Back At 2020”广告是华为播放量排名前十五的广告中情感内容最丰富的一个，也是在全球疫情的大背景下华为进行的 2020 年度总结，因此该广告受到了非常多受众的认同。在所有调研对象中，有 75% 的人表达了自己对品牌强烈的认同感，A1 表示“Huawei, You will always be our favorite brand, stay strong”，充满了对品牌的喜爱和期许。同时，评论中存在大量“♥”“emoji”表情符号，20 条评论中共出现 35 个“♥”表情，而“emoji”表情是国外年轻人交流中常用的情感表达形式，因此可以看出视频输出的情感转换。词频方面，“love”一词在该视频出现的次数比在其他 9 个视频中出现的次数多，占据总词数的 11.3%，排名第二，位列第一的依旧是 Huawei 品牌本身，而 love 和 Huawei 之间也存在着强联系，因此，也可以说，这则广告巩固了华为现有受众的情感依附。第 7 条广告“A Look Back At 2020”是在疫情的大背景下与消费者进行的情感沟通。文字部分采用拟人的手法，以手机为诉说主体，用手机的视角来观察消费者在这一年之中的喜怒哀乐，“You're strongest when you're most vulnerable”（你在最脆弱的时候才是最坚强的）广告语，突出了手机的陪伴性。同时，视频展现了消费者通过华为设备进行情感连接，也用文字“Because connectivity is nothing without really connecting”说明，如果将用户之间的情感进行连接的话，那么仅靠设备之间的连接不是真正的连接。这支广告中华为通过在困难时的陪伴主题以及话题 #Better Together 表达出同用户一起变得更好的品牌愿景。

（四）角色自塑：用户感知文化融合

首先，通过视频用户的留言内容判断受众眼中的品牌形象。关注和观看后，受众会将对视频的理解转变为对品牌的态度，最直接的体现之一是视频的点赞量。从数据来看，点赞量最高的是“Introducing the new HUAWEI Mate 30 Series”视频，点赞量共计达到 3.8 万次，其次是“HUAWEI P40 Series Online Global Launch Event”视频，共计 2.5 万次。华为在发布 P30 产品阶段处于品牌快速增长期，这一阶段，也会有更多人关注华为品牌，其销售数量也相对较多，P40 作为 P30 下一阶段的产品，也承接了一定的关注度。华为 P 系列主打手机的摄影功能，这个点抓取得比较成功。除了总点赞数，赞踩之间的比例也能够看出受众对品牌认知的倾向。赞踩比例（点赞数 / 点踩数）前三高的分别是“Introducing the new HUAWEI WATCH 3”“ Introducing the new HUAWEI Mate Pad Pro”“Huawei P30 Captures

Your Summer”，其中前两支广告的赞踩比例分别达到了 30.26：1 和 29.66:1，其余广告的赞踩比例均在 13:1 到 17:1 之间。

其次，通过与目标受众喜爱的品牌合作实现品牌联想角色融入。“HUAWEI X VOGUE—TOGETHER：CREATE THE FUTURE”是一则华为与 Vogue 合作的广告，视频中出现了俄罗斯、墨西哥、意大利、埃及的工作者，评论一定程度上也体现了语言的多样性，说明视频内容可以产生定向吸引消费者的效果。从词频上看，同样是 Huawei 品牌名称高居榜首，该广告视频突出了使用华为手机能让人高效工作，而有些受众意外地表达了有关视频内容之外的感情，如 A6 表示：“Been using Huawei since 2012. Never has disappointed me. Google or not, I don't care. I will forever be loyal to Huawei.”展现了对华为品牌从一而终的忠诚。也就是说，华为广告视频某种程度上可以激发已经使用或正在使用华为手机的用户的情感。

最后，通过目标受众的留言洞悉受众眼中的品牌核心价值。受众对视频内容的反馈分为三类：认同、不认同和客观中立。无想法的人不会产生评论视频这一行为，而视频本身也会改变受众的原本想法。拉扎斯菲尔德将宣传对受众心理的影响分为三种，分别是结晶效果、强化效果和改变效果。本文将每个视频下显示的前 20 条英文评论进行总结，共计 200 条英文评论。将表达喜爱、明确自己使用华为手机、使用最高级褒义词的评论归纳为认同行为，将有“wow”等感叹词的评论、表达期待但没有表明喜爱的评论归纳为客观中立行为，将提出建议、表达反对的评论归纳为不认同行为，并使用“An”符号依次表示每个广告视频下的评论。从受众对华为 10 支视频广告的评论来看，大部分评论的受众都展现出了对华为产品的认同或中立的一面，如他们认为品牌视频很酷炫、表达对华为产品的喜爱或忠诚、购买使用华为产品等。

从图 7-2 可以观察到 Huawei 品牌一词最为突出，是被受众提及次数最多的词汇，由此可以判断，广告和品牌本身是不可分割的。提及次数排名第二的词汇是“Love”，受众能更多地将“Love”与华为品牌或产品功能相关联，评论区的受众对于华为品牌的整体评价是积极正向的。“Amazed”“Good”“Great”可以较全面地概括受众对华为产品的认知，“Best”显示出华为产品在受众心中的地位。被提及较多的功能性词汇是“Phone”“Camera”，表明受众较为在意的产品是华为的手机产品，同时，更加关注的产品功能是照相功能。

图 7-2　华为 10 支广告片所有评论的词频词云图

产品功能介绍类视频的播放量占比较高，播放量前十的视频中，有 7 个是该类型广告，这说明受众更关心手机产品的功能、质量和创新性，此种类型的视频也是国外受众了解产品的基本方式。活动总结类视频虽然播放量名列前茅，但是视频的点赞数和评论数都与播放量不符。“Huawei P30 Captures Your Summer”广告中，20 个人中有 12 人对华为品牌产生了认同心理，表达了对华为的喜爱。如 A7 很真挚地发表了长达 125 个单词的评论，以“Dear Huawei company”为开头，描述了自己使用华为手机的各个场景，并表达了自己对华为手机的感谢和对华为未来产品的期待。从评论的词频分析来看，受众集中讨论的是相机功能，这也与视频内容本身宣传手机的相机功能这一点相符，如 A1 认为：“I'm always a fan of Huawei camera especially p30 series great camera.”肯定了华为手机的相机功能。但更多的评论停留在对广告主体的描述上，“Huawei”“Pro”“Mate”“Pro”等词语被提及的频率都较高。

“Check out the Editor's picks I NEXT-IMAGE Awards 2020”广告视频时长较短，只有 16 秒，总体的评论数也很少，在评论中大多数受众表达了自己中立的态度，比如 A1 表示，“Huawei, I am Knowing you are doing an excellent work”，认为华为做的工作很优秀，这些中立的观点基本也都表达了对华为手机的期待，相对来说比较友好。在评论中也有一些不认同的声音出现，如 A20 直接表示“Not so good”，A19 质疑了华为手机的价格，认为该价格超出了自己的预期。从词频显示中也可以发现评论的中立性，评论中出现最多的词语依然是“Huawei”“Products”等词。

四、如何改进中国品牌的海外传播

（一）从技术认同到产品认同

华为在 YouTube 上的官方账号名为“Huawei Mobile”，截至 2022 年 5 月 31 日，该账号的订阅量为 80 万人，该账号自 2019 年 1 月开始发布视频，共计发布了 425 支视频，最高一支播放量超过 1,420 万次。本文以华为在 YouTube 上的官方账号“Huawei Mobile”为调研对象，首先找到播放量前十五的广告片，按照播放量从高到低排序（见表 7–3）。在播放量排名前十五的视频中，2 号、3 号、4 号均为“NEXT–IMAGE Awards 2020”比赛的宣传片，属于同一类型，且时长均不超过 20 秒，因此本文选取最高播放量的 2 号作为代表性广告进行分析。除此之外，5 号、12 号的画面、文字和音乐相似度极高，5 号是在 12 号的基础上剪辑出来的，因此本文选取播放量较高的 5 号作为分析对象。而 9 号、15 号是总结华为产品发布会的视频，篇幅较长，不作为本文的分析对象。综上，本文选取有代表性的 1 号、2 号、5 号、6 号、7 号、8 号、10 号、11 号、13 号、14 号 10 支广告，按照多模态话语分析的方式进行广告片内容分析。分析前，将 10 支广告进行二级分类，分为事件营销、产品广告、品牌宣传三类（见表 7–4）。个体技术身份的位置由外在的社会经济压力所决定，体现为主体对客体的“控制”行为，具有被外在定义、制约的“身份”特征。而作为行动者的受众将结构性的身份定位转化为内在旨趣和行为惯习。

表 7–3　华为在 YouTube 上的官方账号“Huawei Mobile”上的 15 支数字广告片

序号	视频标题	发布时间	点赞数	评论数
1	Huawei P30 Captures Your Summer	2019.08.02	2,093	114
2	Check out the Editor’s picks I NEXT—IMAGE Awards 2020	2020.05.20	507	23
3	NEXT–IMAGE Awards 2020 —Editors picks III	2020.07.21	429	35
4	Editor s Picks Vol 2 I NEXT—IMAGE Awards 2020	2020.06.16	403	29

续表

5	HUAWEI —Together in just one tap	2020.07.22	1,059	168
6	Introducing the new HUAWEI Mate 30 Series	2019.09.19	3.8 万	2,245
7	Better Together—A Look Back At 2020	2020.12.21	794	84
8	Introducing the new HUAWEI WATCH 3	2021.06.02	7,324	510
9	HarmonyOS New Products Launch	2021.06.02	1.3 万	1,071
10	Introducing the new HUAWEI Mate Pad Pro	2021.06.02	5,072	328
11	Introducing the new HUAWEI P40 Series	2020.03.31	1.4 万	987
12	HUAWEI —Together in just one tap	2020.06.18	1,694	264
13	HUAWEI X VOGUE—TOGETHER：CREATE THE FUTURE	2020.08.20	891	112
14	HUAWEI P40 Series—Coming March 26th	2020.03.16	6,502	631
15	HUAWEI P40 Series Online Global Launch Event	2020.03.26	2.5 万	856

表 7-4 选取 10 支广告片进行分类

类别编号	广告类别	初始编号	视频标题
1	事件营销	1	Huawei P30 Captures Your Summer
		2	Check out the Editor's picks I NEXT-IMAGE Awards 2020
2	产品广告	5	HUAWEI—Together in just one tap
		6	Introducing the new HUAWEI Mate 30 Series
		8	Introducing the new HUAWEI WATCH 3
		10	Introducing the new HUAWEI Mate Pad Pro
		11	Introducing the new HUAWEI P40 Series
2	产品广告	13	HUAWEI X VOGUE—TOGETHER：CREATE THE FUTURE
		14	HUAWEI P40 Series—Coming March 26th
3	品牌宣传	7	Better Together—A Look Back At 2020

（二）从产品认同到文化认同

一直以来，我们不断塑造中国企业的品牌形象，希望世界受众的认知从“中国制造”转向“中国品牌”，而通过研究华为手机品牌海外自塑，我们发现品牌认同的内核是产品认同，产品认同的支撑是技术认同。在该研究中，华为产品介绍类视频的整体评论数要多于其他两个类型的视频，评论数量最多的一条为“Introducing the new HUAWEI Mate 30 Series”，共计 2,245 条。在华为的数字广告中，对产品功能的描述要远远多于对品牌形象的表述，影像更多地集中在讨论产品功能及产品本身上。从播放量的角度看，外国受众对于科技类产品的关注点也较多地集中在产品功能介绍上，调查中播放量前十五的视频里有 12 个是产品介绍类视频。

通过对视频内容和用户留言的数据分析我们发现：第一，仅对产品的单一功能进行片面化展示会引起受众的反感，也会造成其对产品性能碎片化的认知。如在“Introducing the new HUAWEI P40 Series”视频中，广告较多展现了手机的照相功能，因此就有受众提出异议，“这是相机还是手机？”第二，针对某一国家的技术应用融合易引起受众的关注，如 Huawei Watch 3 与 Maxim 合作推出出租车呼叫系统，引发了俄罗斯人的反馈，表现为 Maxim 的出现率上升并且人们情感输出强烈。第三，介绍产品类广告播放量更高，而以情感传递品牌价值观的广告播放量不高，但评论中的情感输出占比较高。大多数人会对品牌展现出喜爱的情感，该类广告使品牌忠诚度有所提升。

有学者认为，品牌竞争的实质是不同文化之间的竞争，伴随着品牌的跨文化传播活动愈发普遍，品牌认同的实质就是文化认同。笔者对此观点持怀疑态度。本研究中华为各个视频广告的关键词和受众讨论的内容是大体一致的，从议程设置理论出发我们认为视频受众讨论的话题在一定程度上受品牌官方账号所发布内容的引导，但是这背后是否存在着“沉默的螺旋”，即在品牌下留言的大多是对该品牌有好感的受众，而反感该品牌的受众不会留言甚至不会点击广告？随着互联网与人们生活的深度融合，受众习惯碎片化阅读，但并非视频越短越能够吸引外国受众的关注，反而一些发布会的长视频、详尽介绍功能的视频能够引发受众更多的兴趣，长达数小时的品牌发布会视频或两三分钟的功能总结类视频都有较好的传播效果，甚至还会让受众产生“兴趣—购买—分享”的行为。从品牌认同到文化认同，中国企业品牌出海还有一段很长的路要走，正所谓“千里之行，始于足下”，从数字广告海外传播入手，通过功能自塑、情感自塑、情景自塑、角色自塑“落地生根”，中国企业正在逐渐讲好品牌故事。

（三）从文化认同到广告叙事

第一，流媒体广告要讲好中国故事。从国内走向世界的大品牌，它们本身就已经带有了本民族的深刻烙印。“华为”的含义为“中华有为”，品牌名称本身就是传达定位的载体；“百度”的名称取自古诗词“众里寻他千百度，蓦然回首那人却在灯火阑珊处”；“阿里巴巴”的批发零售、物多价廉的经营策略，根植于中国民众传统的勤俭节约、实用为主的消费观；海尔的卡通形象代言人“海尔兄弟”，在人们的印象中他们总是形影不离、不离不弃，遇到困难时互相帮助、共渡难关，这也符合中国人传统的兄弟互帮、团结和谐的价值观。而在西方，在个人主义环境下，很难生长出这样的品牌文化，它们拥有自己可以利用的文化资源。一国品牌本身是一国文化的缩影，从诞生之日起便被打上了本民族文化的烙印。而在灵魂里植入本国文化内涵的企业最有可能在竞争中生存发展起来，也最有底气走向世界。

第二，人工智能时代要提升机器人创意水平。根据控制论专家麦卡锡和尼尔森对人工智能的解释：AI = Automation of Intelligence（智能的自动化）。这种观点和维纳的控制论思想一脉相承，从工程学角度看，人工智能的实质就是知识自动化。[①] 2016 年淘宝“双十一”活动期间，阿里巴巴打造的人工智能设计系统“鲁班”累计生产了 1.7 亿张广告素材，而这些广告素材就是我们每天逛淘宝看到的活动图片、广告 banner 等，只是消费者想不到这些广告招贴画出自智能机器人。

人工智能这个概念可以追溯到古希腊文明时期，希腊神话中出现了机器人和人造人，而早之前人工智能并不“智能”，它的出现只是为了替代人类完成批量化生产工作。随着技术的进步，机器变得越来越智能，甚至设计这种依靠创意的行业也被逐渐代替了。阿里“鲁班”系统的出现，给广告设计行业带来了巨大冲击，“鲁班”已经从基本元素组合拼贴的大数据生产工具变成了可以根据给定元素识别主体氛围，然后找到最符合搭配主体的其他元素，并组合排版生产广告图片的智能设计系统。事实上，部分中国出海企业也开始自主研发广告自动化设计系统，并投放实验，包括智能设计图片系统、视频广告自动化设计系统。“批量化+个性化”的人工智能系统已经成为各大企业关注的重点，而未来人工智能也必将在广告行业大展拳脚。

第三，深入挖掘中国元素，对接国际受众认知习惯。文化传播是一个循序渐进的过程，广告宣传也是一个动态而非静态的过程，要善用中外文化符号的共通性与可理解性，以认知共识促成多元文化接触行为；然后要制定出文化“走出去”的长

---

① 瑞德 . 机器崛起：遗失的控制论历史 [M]. 王晓，郑心湖，王飞跃，译 . 北京：机械工业出版社，2017.

期发展战略，界定发展阶段和发展目标。从传播心理学角度来说，人们天然倾向于接受自己熟悉的、已有知识积累的信息。从生物学的角度来解读，在人们熟悉的情况下，大脑海马状核心中的细胞——海马体被激活的速度比在新情况下要快几百倍。海马体被连接到两个“杏仁核”的神经元小球上，这两个小球驱动着我们的情绪。海马体和杏仁核之间的连接是“相同使人感觉很好，新事物却可能使人感到不快”的原因。[①] 中国企业海外传播在挖掘中国元素的同时还需要考虑受众原有的认知系统和全球流行趋势。从笔者收集的 275 支在海外传播的宣传片来看，关于中国企业、传统节日、城市形象的宣传片在海外传播的过程中普遍存在大而全的问题，制作者试图在一支数字广告中加入更多中国元素，较少考虑外国消费者对该元素的接受、理解和认同度，这一点是中国企业海外传播新路径探索过程中亟待解决的问题。

---

① 阿什顿 . 被误读的创新 [M]. 玉叶，译 . 北京：中信出版集团，天地出版社，2017.

第八章　赛事营销数字化与形象塑造

2022 年，北京冬季奥运会开幕式吸引了世界各地的人观看，也让他们对中国文化产生了浓厚兴趣。北京冬季奥运会的场馆设备展示、冬季奥运会开幕式的传播、各国运动员的自主传播等共同构建了中国国家形象的对外传播格局，与往届奥运会相比，最引人注目的莫过于技术在本届奥运会中发挥的作用。本章将从技术赋能文化认同的角度入手，从北京冬季奥运会技术赋能的具体表现分析如何通过技术有效结合中华优秀传统文化，让内群体、桥接人群和外群体同时发声，对“文化循环”产生影响，进而探讨技术赋能对于国家形象建构的影响范式。

一、仪式传播的可供性

“可供性”是美国生态心理学家吉布森首创的概念，指的是“有机体与环境之间的协调性”[①]，如动物对环境线索及其有用性产生感知，于是动物做出行动上的反应或调整，而动物的反应和调整又会反过来影响环境。

自吉布森之后，可供性被心理学、哲学，以及自然科学领域的学者多方探讨，经历了数十年的发展历程，而今多被应用于探讨技术为具有特定感知和技能的行动者所提供的行动可能性，或称“技术可供性”（technological affordance）。全世界瞩目的大型体育赛事的传播过程中，现代通信技术帮助人们实现了仪式参与的同步，每一次比赛，每一位运动员都可以通过卫星转播出现在观众所在国家的通信设备上。从这个角度上来看，每一位接收到信息、内容、画面的人都是这场仪式的参与者。时间的可供性并非指以主体视角看仪式参与者的有效时间供给，而是指参与者被卷入这场仪式传播活动的程度。

---

① GIBSON J.The ecological approach to visual perception[M].Boston：Houghton-Mifflin,1986:127.

（一）媒介时间与仪式传播

时间是一个抽象概念。自然万物根据自然时间生长，春耕秋收，日出而作日落而息，这是古代人们所遵循的生产、生活时间。工业革命以后，人们按照“钟表时间”展开社会化活动。随着技术的发展，人们依靠获取信息、处理信息、生产信息、消费信息的第三产业拓展了劳动范畴，时间概念针对个体而言也有了更多元的阐释。“后工业时间”逐渐显现，时间渐渐失去了客观、普遍的结构特质，每个人都有可能建构自己的时间结构，时间安排充满了个性和弹性。

媒介时间（media time）是2006年以后有学者（卞冬磊，张稀颖，2006；李蓉，2008；张磊，2020）提出的概念，随着拥有各种技术形态的媒介在人们日常生活中的渗透，媒介建构的时间在人们日常活动安排中发挥了越来越重要的作用，人们在时间度量和时间分配上都表现出媒介化特征。[①] 比如我们会在吃饭的时候打开手机收看新闻，会在晚上休息放松的时候点开手机刷视频或者购物、看直播，媒介已经成为人们日常生活中的工具，不同媒介使用时间也具有显著区别。比如我们会利用碎片化时间娱乐休闲或者背单词学习，会在等电梯的时候不自觉地瞄向电梯广告和大厦中的各种装置媒介，在中秋节和春节阖家团圆的时候收看晚会，在重大比赛仪式举行的时候收看比赛并在媒体平台参与讨论互动。

（二）技术赋能与身体传播

从笛卡尔的“我思故我在”到尼采的“一切从身体开始”，人类始终关注身体和技术的关系。身体的局限性是人的第一属性，对技术的“代具性”依赖是人的第二属性。人类通过发明创造使媒介成为身体的延伸，通过制造、使用并控制工具，无限延展技术的“代具性”。

20世纪70年代，福柯、布尔迪厄、吉登斯等人将身体视角引入社会理论，使之在当代西方社会理论中具有核心意义。[②] 福柯关注权力对身体的规训，阿甘本强调身体是民主政治的基础。福柯在1982年美国佛蒙特大学的演讲中提出“自我的技术”，即人借助自身或其他力量，操控自己的身体、灵魂、言行、存在方式，从而改变自我，获得完满。

冬季奥运会的实质，是人类自我技术的展示，是人对身体控制力的展示，对身

---

① 王海燕，范吉琛．数字新闻的时间可供性：一个研究框架的提出 [J]. 国际新闻界，2021,43(9):116–135.

② 郑震．身体：当代西方社会理论的新视角 [J]. 社会学研究，2009,24(6):187–205，246.

体可能性的探索，人类还借助技术工具展现更快、更高、更强的奥运精神。

斯图尔特·霍尔认为：语言是具有特权的媒介，通过语言我们理解事物，生产和交流意义。[①] 人类只有共同进入语言系统才能共享意义，进一步产生认同。在充满翻译误区和认知隔阂的世界里，奥运会是一次人类彼此认知和理解的绝佳契机，也是不同国家、民族、族群抛开偏见按照统一规则共享奥林匹克精神“更快、更高、更强”的平台，更是国家通过形象建构吸引文化认同的重要时刻。如何让来自不同社会制度，拥有不同价值理念和固有偏见及刻板印象的族群在短时间内对中国留下深刻印象，达成全新的共识？技术赋能是一个突破口。

本书理解的技术赋能是指通过技术加持让原本常态运行的事物发挥出超出自身局限的效能，在技术的光环下为系统运行服务。技术的本质是知识，是工具理性，这种赋能关乎知识结构与权力的让渡和位移。一直以来，西方社会以先进的科技力量领先于全世界，在消费社会和文化工业的双重作用下塑造了人类社会争相效仿、向往、艳羡的生活方式。如果说权力的拥有及使用需要合法授权，那么文化的社会化就是把个体和群体置于一个竞争性的等级体系中，在相对自主的竞争场域使个体与群体陷入争夺稀缺资源的斗争，这一系列社会竞争活动透过社会符号被区隔表征，在这种场域的技术赋能有助于社会秩序的合法化确认、群体间的文化认同和国家形象的自主建构。本章将从北京冬季奥运会的技术赋能视角切入，基于技术赋能和文化认同的循环关系，分析技术赋能的表征和文化认同的参与环节，进一步探讨技术赋能对国家形象建构的影响范式。

（三）技术赋能与文化循环

技术赋能媒体传播，需要关注的不是技术形态的叠加，也不是传统内容的平移。技术赋能从广义的角度来说是全方位的表征和展示。不同学科对于技术赋能的解读不同。公共治理领域学者认为，“技术赋能”是指运用先进的技术手段，通过技术扩散、场景改造和提供平台等方式，赋予个人和组织行动能力。赋能理论来自美国学者芭芭拉·所罗门写的《黑人赋权：社会工作与被压迫的社区》，他提出，赋权是社会工作者与受助者共同参与的活动，其目的在于降低弱势群体的“无权感”[②]。社会治理专家马尔科姆（Malcom）认为，赋能的目的在于帮助

① 霍尔．表征：文化表象与意指实践[M]．徐亮，陆兴华，译．北京：商务印书馆，2003：1.

② BARBARA B，SOLOMON B. Empowerment：social work in oppressed communities[M].New York：Columbia University Press,1976：77–81.

无权者获得对自己生活的决定权与行动权；斯威夫特（Swift）和莱文（Levin）认为，赋能意味着一种精神状态、一种对权力的再分配；齐默尔曼（Zimmerman）认为，赋能的目的在于提高被赋能者的社会参与能力，提升自我效能和控制感。

作为一个表征系统，文化循环可以持续运作并强化认同，即通过各种符号系统、声音文字、音像影像作品向他人传递我们的情感、情绪、认知和观念。在此过程中，传播者和接收者产生多向互动，加强理解，在冲突中协商，在协商中达成认同。这个系统由表征、认同、生产、消费、规则构成一个闭环，彼此提供动力且凝聚强化。一直以来，他者文化以语言符号为切入点，带入对方认同的部分表征以获得群体好感，然后携带自身文化独特表征进入对方群体。技术赋能让这个文化循环出现了缺口，作为知识本身的技术无法构成权力，但是技术一旦赋能给他者表征系统便会进入权力认知的范畴。比如单独的炒菜机器人作为商品售卖时，无法建构权力系统让外国运动员产生好感或认同，但是将其应用于保障运动员健康生活的后勤系统，外国运动员在奥运村的生活体验就构成了文化认同的一部分。在数字智能技术的布局下，运动员在日常生活中发现的趣味点滴都可以随时展现在个人的全球社交账号上。这样，全世界的人不仅看到了中国美食和中国符号，还感受到了技术“服务于人”的核心理念。这便是技术赋能有效促进文化循环的例证。

二、北京冬季奥运会技术赋能的具体表现

在北京冬季奥运会仪式传播过程中，技术赋能分别体现在哪些环节和传播内容当中？我们要从冬季奥运会场馆硬件的技术赋能、冬季奥运会开幕式传播的技术赋能、冬奥村日常生活的技术赋能和比赛现场及转播的技术赋能四个方面进行分析。

（一）冬季奥运会场馆硬件的技术赋能

众所周知，鸟巢作为2008年北京承办夏季奥运会的场馆，是一座代表国家形象和具有符号表征的建筑。一般来说，场馆符号作为建筑而非文化不易与观众产生互动。但是北京作为第二次举办奥运会的地区，当鸟巢作为符号再次出现在观众眼前的时候，其作为表征符号的参与性发生了变化。鸟巢被建构为符号的过程在2008年夏季奥运会仪式传播中已经有受众参与，因此，当观众再次看到鸟巢时能回想起过去的一些体验。中国人会回溯作为个体记忆中的一部分的2008年，回忆北京奥运会给世界留下的印象。目前，我们对于“双奥之城”的概念打造，体现了我们已经

意识到符号第二次出现产生的奇妙效应。詹姆斯·凯瑞曾在《作为文化的传播》中提到，传播是一种现实得以生产、维系、修正和改造的符号化过程。[①]在鸟巢或者说在双奥之城这个符号身上我们可以看到，如果说它们的第一次出现是符号的生产的话，那么它们之后不断地出现就是维系、修正、改造的过程。在这个过程中，我们会强化对鸟巢和北京的印象，并且修改对于它们的定义。基于此，我们与鸟巢和北京产生了互动。如果说 2008 年中国人因鸟巢的整体设计而感到骄傲，那么，2022 年当鸟巢再次出现时，受众已经感觉稀松平常，但我们只需通过对鸟巢的科技加持和改造，使其“润物细无声”地服务于智能化赛事，就能让世界惊艳于中国技术深入赛场管理的每一个环节。

在科技支撑绿色地毯方面，有“水立方”14 天智能转换为“冰立方”、手持火炬实现零碳排放，看过开幕式的观众疑惑为什么今年的火炬那么小，其实这正体现了中国对碳达峰和碳中和的承诺，让全世界看见中国的行动。与此同时，国家速滑馆“冰丝带”碳排放趋于零，用钢量仅为传统屋面的四分之一，智能交通实现“氢能出行”梦；在科技支撑赛会保障方面，有雪务保障技术让北京冬季奥运会实现用雪自由，“冬奥 App”满足访客需求，北斗卫星厘米级导航、百米级和分米级精准气象预报，为北京冬季奥运会服务的高铁亮相京张铁路；在科技增加观赛体验方面，有智能转播配备高精镜头完善多维观赛、5G+ 超高清技术、360 度全景转播技术、3D 运动员追踪技术等。从场内到场外、参赛到观赛、运动员到观众，北京冬季奥运会的前期准备、场馆设备均被技术赋能。

与此同时，互联网专业技术人员对鸟巢进行了智慧化升级改造，建成了基于人工智能的鸟巢数字孪生体，很多精彩的开幕式效果都是通过数字孪生仿真技术模拟实现的。

（二）冬季奥运会开幕式传播的技术赋能

现场的仪式传播和导播技术相结合，增强现实技术和虚拟现实技术相结合，真人演出和虚拟灯光秀相结合，冬季奥运会开幕式的仪式传播完美实践了亨利·詹金斯所提出的“跨媒体叙事”（transmedia storytelling）。

无论是虚拟场景的设计还是实景的演员表演，节目都力图营造真实的历史时空，通过打磨细节精准传递中华优秀传统文化与奥林匹克精神。

---

① 凯瑞．作为文化的传播 [M]. 丁未，译．北京：中国人民大学出版社，2019：23.

在开幕式上，数字表演和仿真技术成为亮点。美轮美奂的科技艺术中有认同智能、5G、AR、裸眼 3D 和云计算的参与。超 600 人的 AI 实时动作捕捉，是视觉技术上的首创。

开幕式上流光溢彩的舞台与演员表演交相辉映，实时互动，这是动作识别系统与人工智能完美合作的结果。举办开幕式的场地地面是目前全球最大的 8K 超高清显示系统，整体面积达 10,393 平方米，超大规模的光学校正算法可对每个显示画面进行像素点级的光学校正，可实现 100,000:1 超高对比度、3,840Hz 超高刷新率，以及 2,990*15,096 超高分辨率。京东方自主研发的超大规模显示模组控制与同步系统，还可实时捕捉演员行进轨迹，实现画面与演员的无缝互动。

开幕式设计历时三年，以“数字科技”为载体，以“传统与创新结合”为立意，围绕主火炬台打造璀璨梦幻的冰雪意境，用视觉艺术向世界讲述新时代的中国文化，而这些视觉内容的呈现需要硬件技术的高度协同和完美配合，正是中国自主研发的全球领先的显示技术和智慧系统，让开幕式的内容创意达到了最好的呈现效果。

主火炬台直径达 14.89 米，由 96 块小雪花形态和 6 块橄榄枝形态的 LED 双面屏组成，LED 双面屏采用双面镂空设计，嵌有 55 万余颗 LED 灯珠，每一颗灯珠都由驱动芯片的单一信道独立控制。火炬点燃那一刻，巨型雪花屏由中心向四周辐射开来，闪耀出波浪般层层递进的璀璨光芒，能实现快速变换、及时同步画面是因为有强大的技术支撑，AloT 技术体系及自主研发的同 / 异步兼容信发系统、异步集控能在极短时间内将大规模视频内容快速下发，同步集控确保 102 块双面屏幕实现毫秒响应；主路 + 环路备份的高冗余控制系统确保了火炬台播控系统的超高可靠性。

（三）冬奥村日常生活的技术赋能

范・杰内普的“通过仪式”指伴随着每一次地点、状况、社会地位以及年龄的改变而举行的仪式。[①] 而具体的转换标志指的是任何一种得到文化认同的情况，无论是稳定性的还是反复性的。这样看来，来自世界各地的奥运会运动员在赛场上相遇，在不同的举办国的空间场景中参与仪式、通过仪式。所有的通过仪式或场景转换都伴随着三个阶段：分离阶段、边缘阶段和聚合阶段。第一阶段的分离阶段包含带有象征意义的行为，表现个人或群体从原有的处境（社会结构里先前所固定的位置或整体的一种文化状态）中分离出来的行为。运动员离开原有的文化环境和空间

① 特纳 . 仪式过程 : 结构与反结构 [M]. 黄剑波 , 柳博赟 , 译 . 北京 : 中国人民大学出版社 ,2006:94.

场域来到北京冬奥村，要面对全新的生活空间和文化场域。第二阶段的边缘阶段，也被称为“阈限阶段”，参与主体从以往的文化空间来到全新的空间进行体验，但又不具备在新场景生活的经验和运动体验，需要适应新环境。第三个阶段是重新聚合或重新并入阶段。

在运动员村，志愿者胸前佩戴的数字胸牌采用的是护眼电子墨水屏，能清晰呈现黑、白、红三色，量身定制的智能软件及一组人工智能算法支持图文内容“海量快速刷新”，可随时、高效更新显示信息，从制卡、刷卡到拿卡仅需 10 秒，同时“无源”设计使人用手机 NFC 功能即可取电。在奥运赛场，运动员找到了熟悉的竞技场景和赛道空间，竞技舞台让运动员重新聚合于新的空间环境。还有的运动员在比赛过程中带上了食堂的豆沙包和韭菜盒子，这是融入新环境的最好证明。来自世界各地的媒体实况转播，将运动员的通过仪式和文化参与进一步展示给全世界观众，这必然会引发新文化群体的好奇心和求知欲，运动员们被各个国家寄予了厚望，他们的表现应当符合其国家的习俗规范和道德标准。

“传播的游戏意义在于，借助技术手段确定、校正和转化的信息资源可以让人抢占先机，具有竞争性、获利性和趣味性”①。技术不再只是媒介，而是在扮演一个新的传播主体，从而用专业标准核实什么样的信息实践在传播情境中可以通过言说来实现。② 在奥运赛事的服务、管理、生活体验环节，技术融入每一个可以传递的信息、可以切身体验的细节，运动员通过游戏的方式、休闲的方式、比赛的方式就可以在每一个信息触达点感知“技术赋能”的魅力。

（四）比赛现场及转播的技术赋能

5G 带来了移动互联网和物联网时代，万物互联也就是万物皆媒。“人类社会传统意义上的媒体概念无限扩大，不仅是传统纸媒、电子媒体和互联网媒体，还包括万物互联的节点，不论是人、物都可能成为一个释放信息并分享信息的中介，即媒体。”③ 当知识的接受者进行范式转换的时候，知识的积累和定义就被转移到新的平台上。此前，技术一直以媒介渠道身份出现，而今，因为技术智能化身边的物，技术的任意连接性和流动性就凸显出来，技术携带物体，物体携带技术成为传播内容本身。从表征的角度看，这是一个巨大的范式转换。

---

① LEVY J. Economic development programs for cities, counties and towns[M].New York :Bloomsbury Academic,1990:26.

② 陈卫星 . 智能传播的认识论挑战 [J]. 国际新闻界 ,2021,43(9):6–24.

③ 胡正荣 . 技术、传播、价值：从 5G 等技术到来看社会重构与价值重塑 [J]. 人民论坛，2019(11):30–31.

在跨文化传播过程中，“人”是至关重要的概念，而“桥接”时常被使用。“桥接”（bridge/bridging）可以指跨文化传播实践中传播主体通过不同语言和非语言策略使不同意义得以在具体语境下实现暂时性协调的一种状态或机制，其含义与文化研究中的“接合”（articulate/articulation）十分接近，“桥接”也可以指具有特定文化身份特征的个体或群体，这些个体或群体往往由于掌握多种文化的相关知识、对多种文化拥有情感上的认同，而天然成为跨文化“桥接”成功的重要元素。[①] 如双重文化人，他们“往往在综合两种文化规范、吸纳两种文化资源，或灵活游走于两种文化的基础上形成自己的行为范式”，其成功也说明“一个人完全可能同时内化超过一种文化，而不必在两种文化之间做出非此即彼的选择”。以北京冬季奥运会为例，人们关注的是运动员参加的各类竞技项目，而运动员在各类技术平台的表现组成了跨文化传播的表征。

第一，对内群体传播的技术赋能。中国参加冬季奥运会的运动员大多来自东北地区，伴随着冬季奥运会期间，媒体对冰雪运动的数字化传播，内群体对于冰雪运动的认同感逐渐增加，哪怕是身处南方省份的观众也会因为观看冬季奥运会、关注运动员代表而强化身份认同。备受内群体关注的运动员以苏翊鸣为代表，他不仅具有滑雪天赋，而且在多部影视剧中扮演过角色，如《智取威虎山》《摇滚小子》《林海雪原》《生逢灿烂的日子》等。多面立体的运动员形象改变了人们对运动员的刻板印象，以往有不少运动员因为家庭贫困不得不参加训练，期望获得金牌出人头地，这无形之中会让受众产生一种悲悯之心。但是这届冬季奥运会明显不同，出现了像苏翊鸣这样以热爱为主导、以天赋为依托，以刻苦训练为基础的运动员。这让全世界看到了中国运动员对奥运会项目的热爱。由于各类短视频平台的普及，人们可以在大众传播媒体看到铺天盖地、无处不在的运动员信息，这种累积效应和遍布效应，不仅塑造着内群体的拟态环境，也向国际社会展示了 Z 世代的中国运动员。与此同时，企业纷纷跟进运动员代言，截止到 2022 年 2 月 15 日，苏翊鸣代言合作的品牌有别克、修丽可、肯德基、元气森林、Clear 清扬、adidas TERREX 系列、伊利、极限运动品牌 Burton、护目镜品牌 Oakley 等。其中，苏翊鸣已经代言了极限运动品牌 Burton10 年。企业选择优质运动员进行企业品牌形象塑造或产品代言，一方面可以增加商品曝光率，另一方面也有助于运动员个人形象塑造，二者之间形

---

① 田浩，常江 . 桥接社群与跨文化传播：基于对西游记故事海外接受实践的考察 [J]. 新闻与传播研究 ,2020,27(1):38-52,127.

成了共生效应。

第二，是对桥接人群传播的技术赋能。沃尔特·李普曼指出，刻板印象的形成有赖于两个外部因素的共同作用，一是承载刻板印象的象征符号，二是将这些象征符号植入人的观念的权威力量。我们之所以需要差异是因为我们只能通过同“他者”的对话才能建立意义。① 文化取决于给予事物的意义，这是通过在一个分类系统中给事物指派不同的位置而做到的。交际身份认同理论认为，人类天生是围绕交际、关系和群体而生存的，人在多重的、变化中的认同中来回穿梭。因此，身份确认与认同是两个重要过程，个人与群体通过这些过程，来确立和界定自己与别人和周边世界的关系。

交际身份认同理论认为，身份由四个层面组成，即个人层面、表现层面、关系层面与群体层面。个人层面是传统意义上的自己与自我概念，个人对自己与自我的构想就是身份认同过程。表现层面是身份的表达，而表现本身是一种身份认同的框架，交际是身份认同的场所。在全球性的体育比赛中，奥运会赛场、奥运村本身就是外文化群体的交际场所。他们通过与志愿者、其他运动员互动，建构自身全新的国家认同、文化认同和族群认同。管理和协商身份认同是交际的一个核心过程。关系层面的身份认同存在于交际者和他人的互动之中，并在关系中得以建立。群体层面的身份认同指群体中分享共同特征、具有共同记忆的成员所持有的身份认同。

三、技术赋能对国家形象建构的影响

近年来，上海磁悬浮列车跑出了“中国速度”，神舟飞船飞出了“中国高度”，中国天眼 FAST 拓宽了“中国维度”，蛟龙潜海刷新了“中国深度”，人造太阳实验装置点亮“中国热度”，“墨子”号量子通信卫星划出了“中国弧度”，北斗导航系统创造了“中国精度”，中国疫苗赠送体现了“中国温度”，5G 技术突破了人、机、物联网的“限度”，这一个个科技创新成果展现了中国科技大战的力度和加速度。中国以科技创新备战冬季奥运会，助推中国冰雪事业跨越式发展，完美契合了“一起向未来”的冬季奥运会主题，让世界看到中国风范，让中国科技熠熠生辉，映射出广大科技工作者的高度自信和自强不息精神。

---

① LIPPMANN W. Public opinion[M].New Brunswick: Transaction Publishers，1998:222.

（一）用技术力量赋能传统文化

传播学者里斯认为：在具体的社会语境下考察同一类文化符号如何指称不同意义是至关重要的，人们通过这种比较，以母文化为参照系，形成对他者文化的理解。[①] 所谓话语实践，并不仅指承载着话语的文本自身，更包括文本在社会中被生产和消费的整个过程。北京冬季奥运会开幕式和闭幕式，让内文化群体再一次感受到中国文化的魅力。

（二）用技术形式展现国家形象

影像属于潜在的开放性文本，受众可以进行多重解读。但是奥运会开幕式和闭幕式中的每一个节目都有旁白或者字幕引导受众对画面进行有倾向性的解读，减少仪式传播的潜在开放性，进而锚定了所指的浮动链条。任何讲述国家形象的话语都是在历史中形成的，故而对这些话语的理解和消解，也只能建立在回归历史的基础上。话语固然拥有相对于社会结构的独立性和稳定性，但真正推动话语形态变迁的力量，在很大程度上仍存在于社会结构的变迁之中，有效应对冥顽不化的“中国威胁论”的关键，在于建立一套能够同时与中国和西方现实社会结构有效接合的新型话语。

（三）用技术语言传递国家价值

技术语言在仪式传播中更具有工具理性和去意识形态色彩。其在话语形态上将自身身份体现为一种可被全球理解并认可的国族性，一套将消费自由视为现代社会基本需求的价值理念，以及主张人人平等的价值信条。正如福柯所强调的权力的“生产性”，这些被现代跨国公司所不经意间共同尊奉的价值理念和信条，塑造了人类命运共同体的“集体身份”。

（四）用技术引领讲好中国故事

在西方哲学发展进程之中，身体一直被认为是思想和灵魂的容器，如笛卡尔的“我思故我在”就是这种观点的代表。而后，尼采提出“一切从身体出发”的观点，对这种具有自由意志色彩、重思想轻身体的传统发起挑战。梅洛－庞蒂从知觉现象学出发，认为身体而非意识是知觉的主体。莫斯提出了身体技术的观点，认为每一

① REESE S.Understanding the global journalist:a hierarchy-of-influence approach[J].Journalism studies,2001,2(2):185.

种行为都是后天习得的，都与身体所处的文化背景有关；社会对个体的控制，首要的一点就是控制他们的身体。[①] 布尔迪厄和吉登斯延续了这一观点，前者从场域理论和文化习性角度论证了身体的实践，后者提出共同在场说，认为身体的互动使日常接触形成社会。[②] 身体由此兼具自然、文化的属性，且取代意识占据了本质属性的地位，但仍局限于二元论的范畴。

技术哲学家贝尔纳·斯蒂格勒[③] 在《技术与时间：埃庇米修斯的过失》中借助古希腊神话中普罗米修斯、埃庇米修斯兄弟合作创造人类的故事，比喻人类身体与技术之间的关联。

四、技术赋能影像叙事的文化认同

奥运会作为全球性体育竞技舞台，吸引了来自 200 多个国家的运动员和观众，是人类跨文化传播的试验田，也是各国形塑文化认同的舆论场。奥运会官方宣传片作为举办国自我塑造的影像作品，是历届奥运会不可或缺的部分。它一方面可以增强本国人民的身份认同感和文化归属感，提升国家凝聚力和民族自豪感；另一方面可以对外塑造良好的国家形象，扩大国际舆论影响力和文化吸引力，对经济和社会发展产生积极的促进作用。

随着媒介技术的进步和国际社交平台的发展，奥运会宣传片不仅会在大众传播媒介播出，其内容也会在自媒体平台形成二次讨论和剪辑传播，是全球媒体争相报道的热点话题和频繁使用的影像资料。以 2020 年东京奥运会和 2022 年北京冬季奥会宣传片为例，由于全球疫情对人们出行社交的限制，电子媒介的使用和关注度空前提升，人们在自媒体平台对奥运会宣传片的讨论愈发激烈。可见，奥运会宣传片作为国家形象的名片，其自塑作用愈发突显。同时，BBC 作为全球性赛事的固定转播频道，每届奥运会它都会制作一部宣传片，从“他者”角度呈现举办国的形象。本书选取自 2004 年雅典奥运会起，历届奥运会举办国拍摄的 10 部官方宣传片，以及同期 BBC 拍摄的 10 部奥运会宣传片进行分析，从自塑和他塑的角度对其视觉元素、故事文本和品牌标识进行对比，以期发现文化认同视域下自塑的视觉呈现规律、叙事逻辑、传播策略以及他塑在意识形态层面对跨文化传

---

① 王媖娴 . 社会、文化与身体 [J]. 理论界 ,2011,(9):87–89.

② 乔新玉 , 张国伟 . 人机融合：赛博格的身体技术与身份认同 [J]. 编辑之友 ,2021,(10):63–66，100.

③ 斯蒂格勒 . 技术与时间 [M]. 裴程 , 译 . 南京 : 译林出版社 , 2000.

播的影响。

在第六章中我们曾提到，乔纳森在《文化认同与全球性过程》一书中，将文化在“认同建构中扮演的角色”分为三个维度，即人类学描述的客观性、族群归属的识别性和意识形态的政治性。奥运会宣传片中同样存在这三个维度的文化类型。

在人类学描述的客观性维度上，不论是举办国的自我呈现还是 BBC 对于他者的影像建构，其内容都具有明确的客观化意义描述，既包括人类在运动过程中追求“更快、更高、更强”的共识，也包括人类在生活中的种种品质。奥运会的举办和仪式传播本身就是全人类达成“运动精神”共识的一种社会表演和人类学意义上的运动规则、方式认同。

就族群归属的识别性维度而言，这类文化在更大的族群或少数民族阵营的形成中是至关重要的，它的明确特征是对认同功能的限制，这使它主要适用于民族的或全球性的再生产过程。根据影像词频统计对比，我们发现识别性文化的对象物更多出现在举办方的自塑宣传片中，他塑宣传片中较少涉及（如图 8-1 和图 8-2）。举办国通过奥运会宣传片的文化识别性对内凝聚共识，团结民族力量，形成内部族群的归属感；通过向全世界展示该国政治、经济、文化和科技的综合实力，实现国际形象影响力的跃升。

在意识形态的政治性维度上，BBC 制作的宣传片具有隐喻性。以 2008 年的北京奥运会和 2022 年北京冬季奥运会为例（见表 8-1），BBC 制作的第一部宣传片中运用了中国四大名著之一《西游记》中的形象，包括孙悟空、猪八戒、沙和尚、观音菩萨、妖魔鬼怪等，向西方人展示着由神话故事影像塑造的中国形象。它一方面迎合西方人对东方固有的刻板印象，另一方面也显示出其刻意回避中国的经济发展和文化丰富多元。面对同为东方国家的日本，BBC 的宣传片则更愿意展示日本丰富的二次元文化、具有识别性的樱花和富士山。而面对韩国和中国，BBC 制作的宣传片却充斥着大量的神话元素、龙与狼、水墨画和大量红色转场，而忽视举办国的场馆建设、饮食服饰潮流文化、具有识别性的地理自然风光等。

综上，在奥运会自塑和他塑宣传片中涉及文化建构认同的维度是不同的。通过在影像这一技术媒介中使用一定的视觉修辞策略，自塑和他塑宣传片得以达成既定的传播目标，具体策略如下。

图 8-1　2008 年北京奥运会和 2022 年北京冬季奥运会宣传片的影像词频统计

图 8-2　BBC 制作的北京两届奥运会宣传片的影像词频统计

表 8-1　2008 年北京奥运会和 2022 年北京冬季奥运会

奥运会自塑宣传片与他塑宣传片视觉元素对比

届次	类别	举办国自塑宣传片	BBC 他塑宣传片
第 29 届北京奥运会	人类学	a. 自然风光 b. 城市建筑 c. 场馆建设 d. 奥运项目 e. 日常运动 f. 欢呼场景 g. 歌剧表演 h. 儿童	a. 自然风光 b. 圣火
	识别性	a. 故宫 b. 京剧 c. 空竹、风筝、毽子、舞龙 d. 火锅	a. 孙悟空、猪八戒、沙和尚、观音菩萨、妖魔鬼怪 b. 鸟巢 c. 祥云
第 24 届北京冬季奥运会	人类学	a. 自然风光 b. 城市建筑 c. 场馆建设 d. 奥运项目 e. 欢呼场景 f. 歌剧表演 g. 儿童	a. 奥运项目
	识别性	a. 天坛、故宫 b. 鸟巢 c. 高铁 d. 烤鸭、火锅、饺子、筷子 e. 书法、京剧、太极、脸谱、皮影戏、舞龙 f. 红色基调的过年场景、鞭炮、灯笼	a. 3D 打印的冰雪场景 b. 破碎冰块 c. 单纯红色转场画面

（一）视觉修辞对文化认同的表层呈现

如果说视觉元素的落脚点是“图像的意义表达”，那么如何将图像符号与意义表达两者有机结合起来？查理斯·希尔在《定义视觉修辞》一书中提出了“视觉修辞”说，意在解决这个问题。他指出，图像符号具有“视觉劝服”功能，它的作用机制表现为：图像以一种看不见的方式制造某种劝服性的修辞意象（Rhetorical Image），从而让受众产生情感认同反应。① 但受到图像刺激时，受众的第一反应只是暂时情感的流露，真正有效的视觉劝服需要经由特定的修辞策略来实现，如转喻、象征、隐喻、互文等，从而产生一种持续性的自反思维，实现图像符号向视觉意象的转变，视觉意象向价值的无缝隙转化。② 也就是说，以视觉意象为中介，受众受到图像的刺激，导致思维发生转变。这种视觉修辞理论与视觉心理学家阿恩海姆的视觉思维理论吻合，他认为视觉意象是沟通感性与理性、感知与思维、艺术与科学之间的桥梁，思维需要借助视觉意象转动，唯有以“视觉意象”为媒介，对图像文

① HILL C A，HELMERS M .Defining visual rhetorics[M].New Jersey:Lawrence Erlbaum Associates,2004:97.

② 李荃 . 隐喻的解读 [J]. 当代修辞学，1996(1).

本的视觉“感知”才会推动“思维”的运转。[①] 刘涛提出视觉意象具有三种样态：原型意象、概念意象、符码意象。三者由表及里、由具象到抽象。[②]

在观看奥运会宣传片的过程中，内文化群体比较容易辨识图像符号的视觉意象。比如二十四节气的倒计时这类人类学意义上的文化符号，按照内文化群体的理解，它象征着中华民族勤劳的传统美德、地大物博的地理空间以及山清水秀的居住环境。但对于外文化群体观众而言，从图像刺激到思维理解再到文化认同，实现的难度较大。比如日本东京奥运会宣传片，由于受疫情影响，它运用不同人物造型呈现奥运会比赛项目，这种简约符号隐喻着丰富的潮流文化，但对于习惯了各类演出的受众，这种方式无疑让人感到索然无味。对比各国自制的宣传片与 BBC 制作的宣传片，可以发现，视觉修辞的特征呈现为：自塑的“客观性 + 识别性”和他塑的“神话隐喻 + 政治性”。

1. 自塑的“识别性 + 客观性”

视觉符号是奥运会宣传片中最为突出的符号，通过视觉感官，我们能够直接对熟悉或者不熟悉的文化形成认知。此外，视觉画面其实是人为再现并组合的产物，因此它决定了我们形成认知的角度，即任何形式的“图像”都是一种人为制造物，而视觉画面所揭示的不仅仅是“呈现”层面的具体对象，还有“再现”意义上的观看方式。从视觉修辞的角度来看，各国官方奥运会宣传片的“自塑”呈现出“识别性 + 客观性”的特征，一方面体现了举办国具有强大实力举办奥运会的“识别性”，另一方面强化了举办国崇尚奥运精神的客观性。其识别性更多是通过地标性建筑、经济发展产物、历史文化古迹来展现的；客观性大多是通过普通人视角来完成，如第 30 届伦敦奥运会宣传片中“残疾人运动员”、街头表演体操的女孩儿，第 32 届东京奥运会宣传片中“校园运动场景”，都是为了体现奥运会是一项全民运动。从 10 部“自塑”宣传片的影像词频统计可知，排在前三位的词是“跑步”“群体欢呼”“儿童”。这都是人类学描述的“客观性”的展现，“群体欢呼”流露出团结和喜悦的情绪，“儿童”象征希望，包含了人类普适的情感。以上视觉修辞让受众能迅速感受到奥运精神，从客观性角度展示出人类学意义上的共同目标和诉求，可以弱化文化解读壁垒，更容易使人们达成共识。

2. 他塑的“神话隐喻 + 政治性”

他塑宣传片也存在许多人类学描述的“客观性”，例如第 23 届平昌冬季奥运

---

① 汪振城．视觉思维中的意象及其功能——鲁道夫·阿恩海姆视觉思维理论解读 [J]. 学术论坛，2005(2).

② 刘涛．意象论：意中之象与视觉修辞分析 [J]. 新闻大学，2018(4).

会宣传片和第 24 届北京冬季奥运会宣传片，都展现了运动员的运动场面、运动员内心的挣扎和他们对于运动的尊崇。但就整体而言，正是这样的“客观性”表露出了 BBC 的地理偏向性。对于一些国家，例如英国本身以及巴西、日本，BBC 的宣传片并不是完全以“客观性”文化作为主体的，而是增加了“识别性”视觉意象，如日本的动漫、巴西的沙滩风情。面对韩国和中国，BBC 制作的宣传片展示了去背景、去文化的客观性，导致宣传片缺少明确的地理空间和国别归属，观众看到最后仍缺少对奥运会举办国的识别印象。

通过考察 BBC 奥运宣传片中所出现的文化符号，我们会发现制作者隐藏起来的意识形态偏向。如在第 32 届东京奥运会宣传片中，BBC 使用了大量代表日本的符号，如街游、动漫和扭蛋。但实际上，扭蛋是从欧洲传到美国，后被日本引进成为文化名片的。在展现街游和扭蛋的画面中出现的运动员是英国运动员。BBC 对日本的他塑看似是对日本文化的认同，实际上暗藏的却是对欧洲文化甚至英国文化的认同。此外，在 BBC 制作的第 31 届里约热内卢奥运会宣传片中，猴子、鳄鱼、美洲豹等动物的出现让人存疑，许多巴西网友在 YouTube 上表示：“这完全是一种刻板印象，这样的热带雨林不在里约热内卢，而在亚马孙。”在第 29 届北京奥运会宣传片中，BBC 虽然使用了《西游记》中的经典形象，但丑化了它们，宣传片中的孙悟空形象与我国观众心目中的相去甚远。在第 23 届平昌冬季奥运会宣传片中，BBC 还使用了“龙”的形象代表韩国，可见 BBC 对于东方文化的划分是不明晰的。

（二）影像叙事对文化认同的建构逻辑

20 世纪初，各个学科的学者都开始认为，讲述“看似只具备娱乐价值的故事”是人类思维和动机的核心所在。存在主义哲学家让 – 保罗·萨特（Jean-Paul Sartre）在 1938 年写道：“人总是在讲故事，他的生活被自己的故事和他人的故事包围，他通过这些故事看到了发生在自己身上的一切；他尝试着像讲述故事一样过自己的一生。”[①]一个国家在对外传播时也要讲故事，以传播自身文化，塑造国家形象。在奥运会宣传片的自塑和他塑之中，叙事对文化认同的建构是如何发生的，需要从叙事思维入手考察。叙事的思维基础包括模式思维和序列式思维。先期发展出来的“视觉—空间”模块和社会推理模块完全基于模式思维。环境知识模块同时运用模式思维和序列式思维。语言模块几乎完全以序列式思维为基础——单词是声音序列，

① 希勒 . 叙事经济学 [M]. 陆殷莉，译 . 北京：中信出版社，2020：31–33.

句子是单词序列，书是句子序列。语言处理需要大量的序列式思维过程。（如图 8-3）

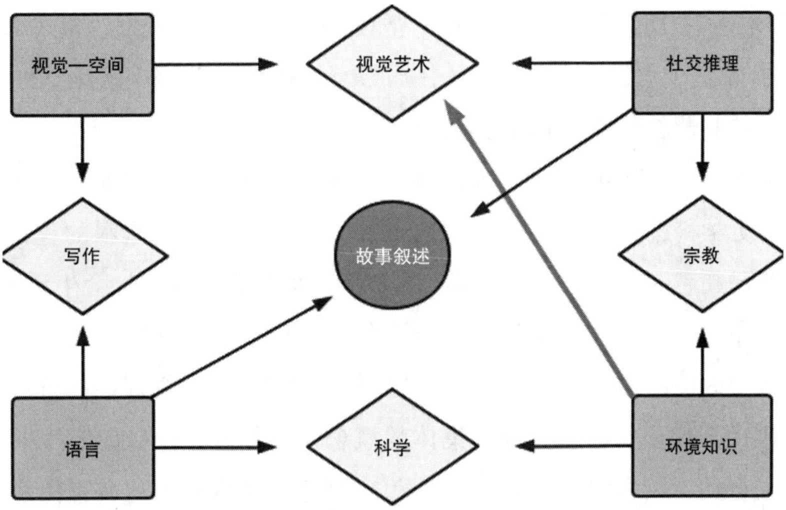

图 8-3　故事叙述所对应的人类思维模块

神话故事和宗教借由社会推理模块与环境知识模块的交互作用发展而来，而科学则由语言模块与环境知识模块的交互作用发展而来。“视觉—空间”模块同时与环境知识模块和社会推理模块的交互作用催生了“再现艺术”即视觉艺术。“视觉—空间”模块和语言模块的结合催生了写作，进而引发了文化层面上的革新演进。语言模块与社会推理模块的结合则催生了故事叙述。

1. 自塑的分布式叙事和他塑的直线式叙事

自塑宣传片起着多种作用，如展现自身实力、凝聚本国力量、对外宣传形象，因此它的文本叙事是通过多维度、多人物、多线条的“分布式”叙事呈现出来的。哪怕围绕着一个主题展开，它也希望尽可能全面地自我展示，因此其叙事较为复杂。例如第 29 届北京奥运会宣传片通过多个章节的叙事铺开，第 30 届伦敦奥运会宣传片以女孩作为故事主线，第 32 届东京奥运会宣传片借用了“Is Japan cool”的主题，并采用多条支线展开叙事。与之相比，他塑宣传片由于目的明确而且时长较短，大多采用直线叙事。例如在 BBC 制作的两部宣传片中，第 29 届北京奥运会宣传片采用了悟空点燃火炬的故事，第 32 届东京奥运会宣传片采用了一镜到底的手法。他塑宣传片所传递的故事较为明了清晰，更加容易形成记忆点。

为什么文化认同的信息一定要通过故事这种形式来传达呢？为什么诸多文明不能把文化知识编译为简单明了的清单，让年轻人通过背诵来牢牢记住呢？为什么从来没有哪种文明采用一种更为直接且强制的方式进行传播呢？因为故事所包含的大部分信息都关乎社会推理。虽然有些故事与环境知识的关系更为紧密，但是大部分故事都主要关乎人际行为，比如可靠度、忠诚度、坚毅度等。思维模块是通过模式识别来处理社会关系的，从这个角度就能理解讲好中国故事的本质就是讲好中国社会的推理逻辑。

2. 自塑的共情叙事和他塑的协商叙事

"叙事就是'讲故事'"[①]，如萨默斯（Somers）所言，"叙事"虽然长期被理解为人文历史学科进行"故事讲述"的方法，然而，经过其他学科的重新挪移与概念重建，其已超越一般性"表现形式"，成为人们认识、理解社会生活的方式。[②]换言之，叙事是一种观察和解释人类行为的"隐喻"，有组织性的叙事原则为我们日常生活中的经历提供着"意义"。[③]自塑是具有集体主义属性的行为。举办国在影像呈现中要突出国家、群体、集体的概念，在奥运会自塑宣传片中表现为较少叙述个人行动，较多叙述团体行动。第 31 届里约热内卢奥运会宣传片使用了大量"I am"的叙述方式，但其依然在强调社会性角色，如"I am a father""I am not alone"。集体主义视角的叙事更容易使族群内部产生一种归属感、认同感和安全感。这种策略强调"我们是一家人""我们都是一样的""我们因同属于这个群体"而感到自豪。但是在 BBC 他塑宣传片中，完成行为的大多是小团体甚至个人，例如第 23 届平昌冬季奥运会和第 24 届北京冬季奥运会的宣传片都是呈现运动员个人成长的。

协商叙事的达成取决于传者和受者拥有共同的话语权和表达渠道。传者站在他者视角评价受者，此刻如果受者或第三方站出来表达不满或者不同意见，协商叙事的主体会出面澄清或者沉默不语。这会带来认同的分化，如果受者和第三方沉默不语，则说明他们间接认可了他者的评价，哪怕内心抗拒，这种来自他者的形塑效果也会进一步强化。西方话语霸权之所以长时间在第三世界国家拥有影响力，一方面是因为受者缺少自我塑造的客观条件和主观认知，另一方面也是缺少对他者形塑说"不"的勇气和实力。奥运会宣传片中的自塑共情叙事更重视内文化群体的认知共识、情绪共鸣和文化认同；而他塑的协商叙事则更多是 BBC 为迎合西方受众对第三国的原有刻板印象而筛选的故事母体，看似协商，实则缺少反馈，这种协商不是为了实

---

① 浦安迪．中国叙事学 [M]. 北京：北京大学出版社，1996：7.

② SOMERS M R.The narrative constitution of identity:a relational and network approach[J].Theory and society,1994,23(5):605-649.

③ SARBIN T R.Narrative psychology:the storied nature of human conduct[M].New York:Praeger Publishers,1986.

现对举办国文化的认同，而是为了强化 BBC 眼中的第三国认知形象。（见表 8-2）

表 8-2　奥运会宣传片的故事母体对比

奥运会自塑宣传片与他塑宣传片故事母体对比		
届次	自塑共情叙事	他塑协商叙事
第 28 届雅典奥运会	地理空间的共情、奥运发源地的共识	他者视角下"奥运圣火的经典故事"
第 29 届北京奥运会	经济发展成果的内部共识、奥运场馆的标志性共识、发展自豪感的情绪共鸣	从孙悟空破石而出讲起，讲述他和猪八戒、沙和尚前往鸟巢点燃火炬的故事
第 30 届伦敦奥运会	从追踪女孩奔跑的视角描绘了伦敦城市的各种景象，唤醒了每个人的运动意识	展现各类运动员从准备的那一刻到赛场上的精彩画面
第 31 届里约热内卢奥运会	平凡人不断前进，他和大家一起改变世界	双人跳水的鳄鱼、玩单杠的猴子、打排球的猩猩、赛跑的美洲豹
第 32 届东京奥运会	片头设置"Is Japan cool？"的悬念。通过一系列的影像呈现，在结尾给出"Cool"的回答	一镜到底呈现日本文化元素
第 21 届温哥华冬季奥运会	展示自然风景、城市风光，表现申奥成功的激动，展现赛场的盛况	野人滑雪摆脱狼群的追赶，又用类似掷冰壶的动作打破冰川的封锁，被击散的冰块回到图腾上，呼应会徽
第 22 届索契冬季奥运会	通过战争到运动会的转场，展现了索契的变化，让东欧各国各民族达成和平发展共识	一队技艺高超的运动员在雪山上长途跋涉、艰难前行，展现了自然环境的恶劣，表现了人类征服自然的勇敢精神
第 24 届北京冬季奥运会	历史文化共情、国家发展共情、运动成绩共情	集中展现各种运动场景和运动员的极限挑战

3. 自塑的透明性叙事和他塑的互文性叙事

叙事能够影响信息的说服力，并影响个人的信仰、态度和行为，这一特征称为叙事说服。[①] 这种被故事吸引、让人沉迷于其中的现象称为"共鸣"。[②] 共鸣影响观众的方式有三种：通过为抽象思想提供具体形式来增加现实性和可信度；角色是电

① GRAAF A D, HOEKENH H, SANDERS J ,et al.Identification as a mechanism of narrative persuasion[J]. Communication research,2012,39(6):802–823.

② BEAMISH C.Evaluating the effectiveness of advocacy documentary[D]. New Zealand:University of Otago,2016.

影叙事和故事讲述的重要组成部分，观众通过认同角色，对其目标产生同理心。[1]这种识别导致“角色相关性”[2]，并增加他们的态度、信仰和行为发生变化的可能性。

透明性叙事是指兼容各种文本、破除文化壁垒，让属于不同文化的观众都能认同自己本土的价值观念、信仰、情感和意义，引发共鸣。透明性的效果意味着叙事文本很容易融入其他文化，为不同的观众提供丰富的投射对象。[3]在10部自塑宣传片中有8部都使用了自然风景或者是标志性建筑物的视觉符号，例如第29届北京奥运会宣传片中的“故宫”、第30届伦敦奥运会宣传片中的伦敦桥和伊丽莎白塔以及第23届平昌冬季奥运会中的传统建筑等。此外，还有一些文化标识的视觉符号，例如北京奥运会和北京冬季奥运会宣传片中都出现的“京剧”和“饺子”，第32届东京奥运会宣传片中出现的“拉面”。这类文化属于族群归属类文化，属于对自己的识别，尽管在自塑过程中，举办方也考虑到在全球视野下如何理解这些文化的问题，但能否达到较好的效果仍然是存疑的。

互文性是一个文本（主文本）吸纳其他文本（互文本）的现象，是一个文本与其他文本之间发生关系的特性。这种关系可以在写作过程中通过明引、暗引、拼贴、模仿、重写、戏拟、改编、套用等互文写作手法来建立，也可以在阅读过程中通过读者的主观联想、研究者的实证研究和互文分析等互文阅读方法来建立。自塑宣传片由于有普通人参与，要贯彻“全民运动”理念，因此叙事视角多为平视，以一种观察记录的角度展现日常生活或是运动场景。然而，BBC他塑视角由于动画制作的原因，存在一定的高位叙述，例如第31届里约热内卢奥运会宣传片中将运动员与动物相结合，如“双人跳水的鳄鱼、玩单杠的猴子、打排球的猩猩、赛跑的美洲豹”暗藏了一定的俯视视角。在第29届北京奥运会宣传片中，观音菩萨鼓励悟空点燃火炬的叙事，也是耐人寻味的。“观音菩萨”在中国人心中一直是高高在上的形象。这样的叙事视角，在无形之中，就将举办国置于悟空的位置而接受“观音菩萨”的洗礼，观众面对被丑化的孙悟空形象，感到不适。BBC的他塑宣传片对于其他国家视觉修辞符号的使用，表面上看似是一种文化认同，事实上却隐匿着自身的意识形态。如何意识到这一点、如何弥合他塑与自塑之间的鸿沟，是各举办国以及BBC需要正视的问题。

---

① BEAMISH C.Evaluating the effectiveness of advocacy documentary[D]. New Zealand:University of Otago,2016.

② GRAAF A D, HOEKENH H, SANDERS J ,et al. Identification as a mechanism of narrative persuasion[J]. Communication research,2012,39(6):802-823.

③ 龙念 . 美国电视情节系列剧的“透明性”叙事策略 [J]. 现代传播（中国传媒大学学报），2011(3).

（三）奥运会宣传片中的国家形象自塑策略

随着全球化场景和社交网络的发展，国家形象塑造的话语权由西方国家掌控转为由网络多元主体掌控，给中国价值观及文化传播带来新的挑战与机遇。宣传片是国家形象建构的集中呈现和权力话语生产的实践。如何建构国家形象的表征体系，通过形象宣传片来讲好中国故事，传播好中国声音，不仅关乎国家形象的外部认知，更关乎中国人的民族自信根基“文化自信”的树立。通过对比10部奥运会举办国自塑宣传片和10部BBC他塑宣传片，我们发现：宣传片的视觉修辞和文本叙事之间存在巨大的文化认同偏差。BBC作为“他者”在对奥运会举办国形象进行塑造之时并不是以一种客观的、中立的方式，而是带有地理偏见、暗藏意识形态的“审视”。在这种情况下，进行自塑的发展中国家应该采取何种方式做好国际传播，是亟待解决的问题。

1. 以参与互动达成“人类共情”

一直以来，东方和西方、中国和外国存在着集体主义和个人主义、文化导向和利益导向的分歧。虽然在BBC奥运会宣传片中有较多故事偏向个人以及小群体叙事，但是从人类命运共同体的视角来看，西方社会仍然存在对集体的渴望。因此我们应该“各美其美，美美与共”，以更加包容的态度达成“人类共情”，来化解他塑中因狭隘的意识形态、政治经济差异导致的对立情绪，进而推动感性传播。简化信息是宣传片讲故事框架中的一个重要方式。如果故事过于复杂，观众很难被吸引，当信息简要或者无须被证实时，宣传片的沟通最为有效。

宣传片在进行任何视觉故事讲述之前，需要着重明确他们与观众交流的核心动机是什么，需要考虑观众的观影偏好。观众现在越来越喜欢观看在线视频。尽管在线视频争夺观众注意力的竞争压力巨大，但在线视频消费的兴起也为看过宣传片的受众参与二次传播创造了可能，加上分发视频的便捷和免费渠道，在线视频传播成为一种潜在的具有成本效益的科学传播手段。受众参与视频制作的自主化意味着我们争夺观众注意力的竞争日益激烈，采用科学的故事讲述框架，使用有效的公式制作简短的视频，可以有效实现形象宣传方的理念诉求，还可以有效改变受众原有的态度和意图。当宣传片的视觉传播能让观看者反思或改变他们对待内容客体原本的社会态度时，它的传播效果就是强大的。

2. 以技术赋能增强文化引力

如何让来自不同社会制度，拥有不同价值理念、固有偏见及刻板印象的族群在短时间内留下深刻印象，达成全新的共识？技术赋能是一个突破口。技术赋能是指通过技术的应用让原本常态运行的事物发挥出超出自身的效能，统辖在技术的光环下为系统运行服务。技术的本质是知识，是工具理性，这种赋能关乎知识结构与权力的让渡和位移。一直以来，西方社会以先进的科技力量领先于世界，在消费社会和文化工业的双向作用下塑造了人类社会争相效仿、向往、艳羡的生活方式。如果说权力的成功实施需要合法化，那么文化的社会化如何把个体与群体置于一个竞争性的等级体系中？相对自主的斗争场域如何使个体与群体陷入争夺资源的斗争？行动者如何通过各种策略获得利益？

族群文化对内是出于凝聚的目的，但是随着互联网和社交媒体的快速发展，族群文化也逐渐吸引着其他国家的人们。在技术植入生活细节的国家形象传播环境当中，消费者可能在意识不到营销推广的存在时就已经对相关影像数据做出了反馈。以日本户外广告为例，最新的地铁广告立柱可以植入具有人脸识别功能的摄像头，它可收集消费者的面孔、性别、衣着打扮等信息，并将数据传回大数据平台，平台迅速做出反应，对其进行人物画像和归类，并向其投放符合其认知、价值判断和个人喜好的广告。传统的互动包括受众参与，在跨文化传播中也需要调动受众积极参与。如张家界是我国的著名景区，也是电影《阿凡达》的取景地，为了推广其玻璃栈道，当地旅游部门邀请国内外网红录制视频打卡，带动更多的人前来旅游、参观、拍摄视频，此举在国际社交平台 YouTube 和 Insgram 上引发了世界各地年轻人的积极参与和话题互动。这种跨文化传播方式既有影像的背书效应，同时从探险的角度极大地调动了外国年轻人的参与热情。

3. 以创意传播讲好中国故事

视频影像已经成为面向观众的一种流行和有效的沟通方式，因为影像是一种语言，每个人在很小的时候就学会了“阅读”。与情感意象相结合的叙事有助于传递信息，并可能提高信息的说服力。讲故事实际上是一种话语实践，当某种符号对象被叙事者投入其选择的时空语境时，故事便被赋予了具体的内容特征。例如对外贸易当中的茶、丝绸、瓷器等商品的流通见诸报端，便常被设定为有关“丝绸之路”的想象。国际交往的主体通过话语实践建立符合自身期望的权力结构或者认同关系。当故事成为对外传播战略的一部分，透过跨文化输出其影响的时候，故事便不仅是权力的承载工具，同时也是权力的生产者。故事本身构成了话语权，成为一种赋权实践。通过对 BBC 他塑奥运会宣传片中塑造不同举办国形象的视觉元素、故事母体分析，我们发现了西方世界对东方固有的刻板印象。面对这样的话语霸权和刻板印象，发展中国家如何突围？中国该如何在自塑中发挥更大影响力？这需要从创意传播的视角入手，对“传统符号”和“神话故事”进行重构与解读，如将功夫熊猫的形象融入北京环球影城就是一个全新的视角，又如2022年北京冬季奥运会，将书法、皮影戏等传统符号结合新技术融入场景，也获得了全新的传播效果。

第九章　国际品牌传播与在地化解读

伴随着全球化的发展，中国商品大量向国际市场输出，同时，中国作为世界上最大的发展中国家，经济总量快速增长必然使其成为国际品牌的必争之地和重点传播对象。在与中国本土消费者沟通的过程中，不同品牌有不同的品牌战略和传播策略。如电动汽车品牌特斯拉，通过绿色环保、高科技理念迅速圈粉新兴富裕阶层，进入中国市场之初定价高达百万，形成消费潮流和科技财富的统一。伴随着其在中国大陆地区建厂、扩大生产规模、降低生产成本之后，电动车的价格从数百万降价到 25 万左右，让更多人拥有了前期百万品牌塑造出的使用者形象，这是一种品牌战略层面的降维打击。反观一些传统品牌，前期以低价占有市场，建构品牌形象，后期不断涨价试图塑造新的品牌形象，但是消费者的认知和市场的反馈有滞后性，很难重新认可、追逐品牌。从低价策略转向打造高价品牌是一条相对艰难的路径。

本章归纳了四个国际品牌在中国市场从 2010 年到 2022 年的品牌战略、数字广告和传播策略，通过知觉维度、心理维度和社会维度三个层次来分析国际品牌进入中国市场的影响以及中国消费者对其在地化认知评价。

一、意大利时尚品牌：傲慢与偏见

2018 年 11 月，为宣传 11 月 12 日举办的上海大型时装秀，意大利时尚品牌杜嘉班纳（Dolce & Gabbana，简称 D&G）在中国社交媒体微博上推出三则视频广告。视频中，一名穿着 D&G 鸡尾酒礼服的亚洲女性试图用筷子吃玛格丽特比萨、超大甜卷和番茄意面。模特用筷子戳食物时，伴随着男性配音："欢迎收看 Dolce&Gabbana《起筷吃饭》第一集"。当女性试图夹起超大甜卷时，配音嘲讽道："对你们来说还是太大了吗？"当模特用筷子戳比萨的时候，配音说："如何用小棍子形状的餐具来吃我们伟大的传统玛格丽特比萨？"

这则广告一经播出，迅速遭到中国消费者、明星、媒体以及政府的强烈抵制。20多位明星，如陈坤、章子怡、李冰冰等，第一时间在新浪微博官宣取消出席计划，原定于星期三（11月21日）在上海世博中心上演的大型时装秀也被迫宣布取消。天猫、京东、苏宁易购、网易考拉、唯品会、洋码头在内的中国电商平台均下架了D&G品牌在售产品，甚至导购平台也无法搜索到该品牌的相关内容。新华社11月22日发文称，杜嘉班纳“一边对中国市场甜言蜜语，一边在宣传片中嘲讽中式英语和中国文化；上一秒在社交媒体上发表辱华言论，下一刻称账号被盗”。中国外交部发言人耿爽于星期四（11月22日）表示，中方不希望此事上升为外交问题，但外界应了解中国民众如何看待这一问题。

这则广告被中国消费者解读为不尊重中国文化、种族主义、性别歧视和思维定式。在此，我们将从专业角度来分析其背后的逻辑，以期让更多国际品牌看到在地化视听内容跨文化沟通的禁忌。

（一）品牌战略的全球化与在地化

全球化和在地化是两个来自当代社会科学的学术概念，通常用来解释在社会文化变迁中出现的各种现象，而社会文化的变迁往往伴随着人们身份认同的变迁。作为企业推崇的商业品牌为何要思考并妥善处理“全球化”和“在地化”二者之间的关系？主要在于品牌的扩张一般是从经济发达国家和地区向经济欠发达国家和地区输出品牌理念、品牌文化、品牌形象以及品牌使用者的生活方式，让受众达成对品牌所塑造的“身份”认同。比如在改革开放之初，“大哥大”是人们识别成功人士和有钱人的标签。人们主要通过品牌标识来区分一个人的消费能力，进而划分社会阶层。

品牌在全球化和在地化的过程中，一方面需要获得消费者的认同，另一方面品牌进入市场初期主要是输出它所锚定的社会阶层对生活图景的想象。尤其是奢侈品，商品的定价远高于使用价值，那么，它如何让消费者心甘情愿地从视觉上被吸引到达成态度认可，并进行消费和二次传播？在进入市场之初，品牌需要花费大量时间和金钱培育消费者，尤其是在社会传播层面进行广泛的营销语境塑造，这种语境塑造，并不是针对目标消费人群，而是要在市场上建构一种品牌独尊的传播环境，给真正的消费者带来他者艳羡的目光。

美国学者吉登斯将全球化理解为时空转换，即时间、空间、个人经验的转换，包括延续、断裂或新生。美籍日裔学者福山则提出了文化全球化必将导致文化同质化理论，强调趋同之下的个性。[①] 在地化理论的提出就体现了学者们从不同角度对全球化议题的思考。在地化的英文是“localization”，也可翻译为“本土化”“地域化”“地区化”，多强调立足本地和保有个性。[②] 身份认同是个体对“我是谁”的认知。这个认知会影响个体对自己与世界关系的判断，从而左右个体的想法、决定及行为。身份认同是单一且多重的，是连续且间断的。在消费社会中，人们通过消费来达成自我身份认同，比如成功人士需要开奔驰和宝马，吃饭聚会需要饮用茅台，出差要入住五星级酒店等，他们通过对品牌商品或服务的消费来强化自我“成功”的身份认同。与此同时，外界也通过一个人日常的消费行为来推测、判断其可能的社会“身份”。基于此，企业在品牌战略规划层面，从一国走向另一国之前需要深入进行市场调研，明确其在不同国家市场环境中，品牌所锚定的目标消费人群希望建构的“品牌身份”认同。

（二）跨文化沟通中的在地化维度

“全球在地化认同”是由英文“global identity”[③] 翻译而来的，由全球化理论家罗兰·罗伯逊（Roland Robertson）于1992年提出。其理论以“全球在地化”（globalization）的概念来描述全球与地方的共存与共融现象。该词最初由日本经济领域人士创造和使用，他们将英语“global（全球的）”和“local（在地的）”连缀为“glocal（全球在地的）”，具体包括六个核心概念：全球场域、普遍主义—特殊主义、特殊性空间、寻找基本教义、存心怀旧和地域化。

以社会身份和品牌认同为例，个人在社会文化实践中建构身份，而这些社会文化实践却镶嵌于“全球场域”中。如中国消费者对于奢侈品品牌的理解和认定，不同的社会阶层有着不同的理解，而最初一批的奢侈品品牌消费者大多希望自己使用的品牌可以第一眼被其他人识别，希望他者对自己投来羡慕的目光，因此并非定价越高的奢侈品档次越高，而是奢侈品在自己生活场域中的人群触达率越高，消费该品牌的社交价值就越高。因此，最初火遍中国市场的女性奢侈品箱包品牌并非定价最高的爱马仕或香奈儿，而是路易威登。由于其广为人知的品牌标识和棋盘图案，更多年轻群体将其锚定为工作后第一个奢侈品箱包。一方面，该品牌

① 杨彬．汉语应用能力危机与母语传承的语言生态伦理分析 [J]. 湖南师范大学社会科学学报，2020,49(3):42–49.

② 麻国庆．全球化：文化的生产与文化认同——族群、地方社会与跨国文化圈 [J]. 北京大学学报（哲学社会科学版），2000,(4):152–161.

③ ROBERTSTON R.Globality, global culture, and images of world order[M]. Berkeley: University of California Press, 1992.

在全球市场中具有较高知名度，价格也是一线城市打工人努力存钱可以消费的水平；另一方面，路易威登品牌在国内市场具有较高的人群识别度和认知度。罗伯逊认为在开展全球地域化研究时，不仅要关注普遍性时间，还要探讨“特殊性空间”（special spaces）①，即关注在场的社会事件与不在场的社会关系交织在一起的时空延伸过程。

具体到杜嘉班纳因视频遭到全社会抵制一事，从视觉修辞的角度可以理解为跨文化沟通障碍和在地化解读的偏差。相信任何一个国际品牌都不会以牺牲市场的方式得罪消费者，但是其推广过程中的傲慢与偏见会带来极大的危害。以此视频为例，它选取的模特符合西方刻板印象，细长的丹凤眼、夸张的腮红以及不合时宜的笑容，使用筷子时不合常规的举动，杜嘉班纳品牌在背后蕴含的逻辑是“意大利的文化很高级，我的品牌很高级，在我品牌面前，作为消费者的你是一个学习者、一个模仿者、一个崇拜者”。这种居高临下的语境阐释放在改革开放之初，人们接触信息相对闭塞的时期或许可行，但在 2018 年，互联网高度发达、中国连续多年经济高速增长的时代，消费者不再是一个听任奢侈品教育的角色。据意大利《商业内幕》（*Business Insider Italia*）称，截至 2018 年 3 月 31 日该公司的财报年度收入为 12.9 亿欧元，其中超过 25% 的收入来自亚太地区。此次纷争凸显了全球化市场的文化敏感性问题。

全球化不仅是经济消费的全球化，随之而来的是不同文化区域间频繁交流互动推动的全球各区域互相影响、共同变化。全球和当地的共存与共融超越了物理限制，不仅指具体的事情，更涉及观点和意识形态。美国学者阿帕杜莱②提出一个观察全球文化流动的基本框架，包含族群景观、技术景观、资本景观、媒介景观和意识形态五个维度。其中每一个参与者都构成了景观的细枝末节，这些景观由族群中或国家组织中更具话语权的代理人主导，每一个维度互相作用构筑成全球化景观，为个体感知提供认知场域。

（三）从三个维度看国际品牌的傲慢与偏见

国际社会对于杜嘉班纳在中国发生的视频危机事件也做了及时关注，《沃顿知识在线》广播节目邀请了三位专家讨论 D&G 的困境。在此，笔者从知觉维度、心

① ROBERTSON R.Globality and modernity[J].Theory,culture & society，1990,9(2)：54-65.

② APPADURAI A.Disjuncture and difference in the global culture economy[J].Theory,culture & society,1990,7(1):295-310.

理维度和社会维度来分析杜嘉班纳推出该视频的不妥之处。

从知觉维度而言，在任何一个文化当中，如果你看到了不得体的进食方式，都会产生不良反应，更不用说看到不妥当画面以及听到谐谑配音展现他者文化的高级和自身文化的粗鄙。

杜嘉班纳的目的是搞笑，但在中国传统文化背景下，这是一种失败的方式。品牌方希望通过稍微出格或者虚张声势的方式来显示自身的与众不同，有时会因为品牌地位很高而侥幸成功，有时这种离谱的创意也会带来不良后果。根据《洛杉矶时报》报道，伦敦品牌财务咨询公司估计这次品牌危机丑闻可能会使杜嘉班纳的品牌价值损失 20%。中国消费者看到这个视频的第一反应是西方还在输出刻板印象，“我们日常的餐具”竟然成为广告模特手中“小棍子形状的餐具”，这种表达方式让中国人感受到日常行为受到轻蔑甚至诋毁。

从心理维度而言，知觉神经受到负面刺激后，会进一步引发人的心理反应，让人产生愤怒等消极情绪，这种情绪会关联到品牌利益相关者，如代言人、供货商、电商平台等。后续这些利益相关者的反应是，明确表示抵制该品牌轻慢中国消费者、诋毁中国文化的行为，尽早切割与品牌的一切关联。利益相关者显示出极强的求生欲望，唯恐消费者的愤怒会转嫁到自己身上。杜嘉班纳的行为显然突破了公众可以接受的底线，这种幽默的态度更适合自我嘲讽，而非针对他者文化。

从社会维度来看，此次危机事件并不会长期对杜嘉班纳在中国市场的经济销售产生巨大影响，但是短期内的经济损失和负面影响相对较大。其目标消费人群在短期内迫于舆论压力和社交压力，会减少购物频次或者减少线下品牌专卖店的光顾频次。中国消费者同时精于网络购物，在寻找商家方面非常精明，他们可以使用互联网给不遵守规则的公司造成极大打击。中国在 40 年前可以接受来自西方的俯视姿态，但是当本土品牌崛起之后，尤其是中国消费者的经济水平和认知水平提升之后，无法继续仰视西方，哪怕是奢侈品品牌，也需要充分尊重中国消费者的社会认同和自我认知，而这种自我认知背后是强烈的归属感和安全感，这正是文化自信在消费领域的体现。

二、韩国汽车品牌：探索与转型

韩国作为 20 世纪 90 年代初最早一批经济崛起的国家，有亚洲四小龙之称。我们可以用全球在地化这个概念，表征其“生产某种具有标准意义产品的同时，迎合特定市场或个别爱好者以打开产品销路”的基本理念。韩国现代株式会社是一家跨国经营的汽车厂商，世界500强企业，也是韩国最大的汽车制造商，母公司为现代汽车集团。现代汽车在韩国东南沿海的蔚山广域市拥有世界上最大的综合汽车制造厂，而且与军方签订了很多合约。2015年2月4日，在中国社会科学院企业社会责任研究中心发布的“第一届中国社会贡献指数”中，现代汽车集团在中国所有汽车类企业中排名居首，在外资企业中排名第七位。

早在2002年，北京现代汽车有限公司成立，是中国加入WTO后被批准的第一个汽车生产领域的中外合资项目，被确定为振兴北京现代制造业、发展首都的龙头项目和示范工程。历经17年的发展，截止到2018年底，北京现代已建构起百万产销体系，产品线涵盖了A0级、A级、B级及SUV等主流细分市场，销量累计超过600万辆，实现销售总收入超过6,000亿元，纳税超过800亿元，为北京经济增长和中国汽车工业发展做出了重要贡献，也是中韩经贸合作的典范。但是韩国现代汽车在中国市场一直以经济适用型轿车著称，如果要推出50万～100万人民币的高端系列轿车，消费者是否会认可并买单呢?

（一）思维定式中的品牌全家桶

“北京现代”的诞生使现代汽车品牌更容易被中国消费者接触到，北京出租车大规模使用现代轿车更让现代汽车品牌家喻户晓。北京作为中国的首都，是全国人民心目中的政治中心和文化中心，从外地来北京打出租车第一时间可以感受到现代汽车品牌形象和乘坐体验，其性价比高、操作性能好、节省燃油等优点成为消费者选购现代品牌汽车的主要因素。

这一亲民的品牌形象一方面为现代品牌积攒了良好的用户口碑，另一方面为现代品牌高端轿车的推广设置了重重障碍。众所周知，企业会推出不同价位和类型的产品满足不同消费水平的受众需求。2014年，北京现代汽车有限公司作为乙方服务商在寻找客户需求的时候提出如何推广现代汽车的高端车系列：劳恩斯（Rohens）。这款车是公司旗下高端品牌的第一款车系，打破了延续20多年的前置发动机、前驱动汽车结构，采用后轮驱动方式。公司投入了大约6亿美元研发劳恩斯，以奔驰E系、宝马5系和LexusGS系为基准设计，目的是和德系、日系高端品牌车型竞争。但从中国市场的销售数据来看，劳恩斯无法和奔驰、宝马同系车型相提并论。经调研发现，只有在韩资企业的办公地才能见到少数高层配车使用此款劳恩斯。探索背后的原因，并非现代本身的营销费用不足或是高端车品质问题，而是消费者有品牌全家桶的思维定式。

从心理学的角度看，思维定式是指影响和决定同类后继心理活动的趋势或思考惯性，即按一种固定的思路去考虑问题。同时，思维定式也可以指人们受已有的知识、经验的影响，在解决问题时所具有的倾向性和心理准备。① 具体到企业品牌发展领域，思维定式可能影响到品牌层级（brand hierarchy）策略。品牌层级反映了企业对品牌包（brand portfolio）的管理。一般而言，按照所覆盖产品的宽度，每个公司由高到低可能有公司品牌（corporate brand）、分部品牌（house brand）、产品线品牌（family brand）和个别品牌（mono brand），所以，在为个别产品设计品牌策略时就可以将这些不同层次的品牌名称以特定方式集合在一起，形成企业的品牌层级体系。

以韩国现代汽车为例，索纳塔、现代 ix35 和劳恩斯都是其产品线品牌，但是产品针对消费者的分层有巨大差异，当索纳塔和现代 ix35 这类经济适用型轿车以强势品牌姿态占据目标受众的认知与情感之后，人们看到现代的品牌标识便会自动进行品牌形象联想——经济实惠型轿车，所以，当人们看到高端系列的劳恩斯，哪怕该款车从外观设计到产品车标符号完全脱离了现代的品牌标识系统，人们进一步追问企业品牌的时候，还是会思考是否要购买“大众心目中的出租车品牌”中的高端轿车。

企业在推出每一个具体类型产品时，要考虑其产品品牌在整个品牌层级中的位置，对应的消费群体是否有冲突，子品牌系列是否可以完全覆盖不同的消费层级，具体包括各个层次品牌名称的使用、所显示的重要程度、在品牌渠道和推广过程中是否需要集团品牌的资源和背书等。如劳恩斯就不需要现代背书，或者说现代的背书可能会影响消费者对其高端车品牌的认可，但集团的其他经济适用型汽车品牌的推出则需要现代背书。当一个集团品牌推出远高于主产品线定位的高端系列之后，会重新进行品牌命名，使其抛开母品牌的印记。同种情况的例子还有蒙牛的特仑苏。

（二）刻板印象中的品牌来源国

来源国（country of origin，简称 COO）概念是 Dichter 于 1962 年在《哈佛管理评论》中提出的，1965 年迪希特（Dichter）首次通过实证数据检验了来源国与消费者购买意

① 陈光全. 怎样避免思维定式的负效应 [J]. 新华文摘，1985(9).

愿之间的关系，此后，更多的研究者开始关注来源国因素在国际市场营销中的作用。

在国际市场营销中，消费者对一国的形象认知和刻板印象会影响消费者对该国产品的价值评价或购买意愿，这种现象被称为来源国效应。大量研究表明，对产品或品牌来源国的形象认知和刻板印象影响消费者对该国产品的整体认知、价值评价和购买意愿。

学界对来源国效应的关注最早始于产品的来源国形象。对来源国形象的测度方式不同，会导致研究结论大相径庭。通常认为，来源国形象是消费者基于对产品来源国的感官认识、声誉和刻板印象而形成的主观印象，受到该国代表性产品、国民特性、经济政治背景、历史文化等因素的影响。后来在研究来源国效应的基础上，一些学者将来源国形象分解为两个层次：国家形象和该国的产品形象。2016 年有学者安德恩（Andehn）和得科斯塔（Decosta）将产品来源国分为三个层次：整体国家形象、品类国家形象和产品国家形象。一直以来，提及韩国，中国消费者了解最多的是影视明星、“韩剧”“韩流”，医美技术和护肤产品，泡菜、年糕、泡面等食品。虽然也有三星手机、现代汽车等制造业品牌，但是制造业品牌一直没有占据行业顶端位置。提及汽车品牌，中国消费者可能首先想到的是德国的奔驰、宝马和大众；其次是美国的福特、通用，日本的本田、丰田，法国的雪铁龙，意大利的法拉利；最后才是韩国品牌。这并不是在否认韩国汽车的品质，而是品牌来源国与商品本身的刻板印象导致了这种排序。

（三）全球在地化与文化混生

一种产品的品牌来源国与在地消费者形象会在市场拓展和消费过程中不断演化，比如某一款轿车因其购买群体较为集中而在品牌输出国产生特殊的品牌印象。在 20 世纪 90 年代初的中国大陆市场，大众 Polo 轿车因为购买群体较为集中而被贴上一些特殊标签。这是外来品牌在地化与消费文化混生的过程。

里茨尔将全球在地化视为文化全球化的三种主要类型之一，它与文化混生既有区别又有联系。[①] 第一，文化混生观点的提出，是文化差异（文化异质性）、文化融合（文化同质性）概念的有益补充，但全球在地化更强调空间制约下不同文化的混合和适应，不能与文化混生混淆。其中，全球在地化更强调文化（外来文化、本土文化及二者交融后的文化）在空间领域的“本地”和“外部（本土以外）的冲突

① HABIBULK. Glocalization as globalization: evolution of a sociological concept[J].Bangladeshe—journal of sociology，2004，1（2）：1-9.

融合过程，更强调文化在空间层面的适应性和影响范围，而文化混生可以发生在任何时空、任何情景中，没有“在地化”限制，这是二者的区别。第二，里茨尔理解与使用的全球在地化概念，侧重消费现象描述，缺乏对本质问题的深刻解析和原因探讨，更忽视了政治（历史）等深层维度的影响，从而容易将全球化过程中的冲突简化为消费主义类型的偏好或利益之间的简单对立，使其成为一种全球消费理论。从这个角度来看，全球在地化与文化混生意义一致。第三，从里茨尔的全球在地化理解个体所蕴含的文化、哲学思想来看，全球在地化受到文化混生的影响，个体被理解为理性的代言人，过于强调现代个体的力量，这对于全球在地化的理解因缺乏社会维度而具有局限性。

如何克服文化混生给品牌带来的负面影响，或者说将产品线子品牌和企业母品牌割裂开，将企业商品与来源国进行有效规避，隐去来源国色彩？在改革开放之初的中国消费市场，从日常宴会用具到出行工具的选择，从手表、饰品、箱包到通讯产品，人们无不向往外国品牌，认为只要是洋品牌就一定是高端品牌。以至于不少中国企业不得不在国外注册商标或者购买商标，在国内生产制造之后贴上外国商标，进而以高价卖给中国消费者。这种崇洋媚外的消费心理在近 5~10 年有了极大改观。一方面，人民经济水平日益提升，物流产业链的完备让消费者可以通过网络直接购买外国商品，“物以稀为贵”的时代一去不复返；另一方面，伴随着文化自信和中国自主品牌全方位的提升与进步，中国消费者对于商品有了更为客观的使用体验，不再一味追求洋品牌，而是选择理性消费，客观评价。

三、美国电动汽车品牌：服软与转机

不可否认，特斯拉作为纯电动汽车的引领者，在汽车行业缔造了一个又一个神话。2008 年 2 月，特斯拉交付第一辆 Roadster，百千米加速度只需 3.7 秒，完全将保时捷的传奇车型 911 甩在身后。2015 年 2 月 26 日，《消费者报告》公布了 2014 年十佳车型，评价标准包含性能、安全、可靠性、舒适度、便捷度、外观、实际用户满意度等数个维度。特斯拉蝉联最佳车型。

为了满足更广泛用户群体的需求，特斯拉打造出一款接地气的车，2017 年上市，售价为 3.5 万美元，折合人民币 22 万元。但是在 2021 年上海车展上，一位特斯拉女车主的车顶维权事件改变了受众对该品牌的认知和理解。一直以来，特斯拉给人的印象是从来不做广告和营销，只靠创始人伊隆・马斯克的一己之力就可以将特斯拉产品推上国内外热搜榜。同时，特斯拉也声称，“好的产品就是最好的广告，我们不需要浪费更多的营销费用让别人知道，因为我们节约成本，以最高性价比让消费者知道特斯拉这个品牌是最棒的”。

（一）强势品牌的强势沟通

2021 年 4 月 19 日，上海车展一位身穿印有“刹车失灵”字样的 T 恤的女车主站在特斯拉车顶维权，并声称自己有三个月身孕。随后，该女车主被保安几乎是以抬走的方式清理出现场。相关网络视频瞬间引发舆论热议，人们认为特斯拉对待消费者的态度极为“强硬”。第二天早上，上海市公安局青浦分局官方微博发布通报：“特斯拉车展遭遇车主维权”，涉事女子张某因扰乱公共秩序被处以行政拘留五日，李某（张某丈夫）因扰乱公共秩序被处以行政警告，并证实张某并未怀孕。4 月 19 日下午，特斯拉公司副总裁陶琳在展台接受采访时说，“近期的负面新闻都是她贡献的”，“我们没有办法妥协，这是一个新产品发展必经的一个过程”，“我们自己的调研显示 90% 的客户都愿意再次选择特斯拉”。

如果认真读完采访全文，我们会发现特斯拉副总裁陶琳并没有以“倨傲”的态度来对待这次维权事件，同时也说明她并未充分重视这次危机事件。但是网络舆情的发展大大超出了预期，直到官方媒体站出来评价特斯拉态度傲慢，特斯拉才开始在官方微博公开道歉。由于车展维权视频的快速传播和事件舆情的快速发酵，特斯拉在 4 月 20 日周二晚发布道歉声明，对“未能及时解决车主的问题深表歉意”。公司表示，已成立专门处理小组，专事专办，努力在合规合法的情况下，尽全力满足车主诉求，争取让车主满意。

与此同时，中国国家市场监管总局周三晚表示对特斯拉车主维权“高度重视”，并已责成河南省、上海市等地市场监督管理部门依法维护消费者合法权益，同时强调“企业要切实履行质量安全主体责任，为消费者提供优质安全的产品和服务”。官方媒体新华网发表评论称：特斯拉从“不妥协”到“深表歉意”，态度来了个 180 度大转弯。态度转变这么快，舆论普遍认为其原因是顶不住社会压力了。

从事件演变过程可以发现，特斯拉作为电动汽车引领品牌，在中国市场具有极大的发展潜力和市场份额，完全有理由重视中国市场。但是从高管的危机管理意识和危机处理时间可以看出，特斯拉完全没有预料到现场保安拖拽维权消费者的视频通过网络舆情发酵会产生如此大的影响力，从官方到民间，似乎所有人都在指责特斯拉的傲慢无礼。

其实，不仅中国大陆市场出现过类似的消费者维权新闻，中国台湾也发生过知名艺人开特斯拉发生车祸的新闻，还有美国本土也有类似驾驶特斯拉发生安全事故的事件。作为交通工具，发生事故是小概率事件，但是企业面对事故的解决态度却能影响品牌形象，特斯拉的强势沟通态度在跨文化传播中是一种大忌，面对中国网民，特斯拉不得不低头道歉，这便说明网络时代国际品牌在处理危机时需要从事件真相和公众情绪两个层面分别处理。在公众不明真相之前，必须以良好的沟通姿态面对，而非懈怠或者满不在乎。

（二）品牌战略的降维打击

撇脂定价指的是产品进入市场之初以高价获得丰厚利润，以便在短期内收回投资，减少经营风险，待其他竞争者进入市场后，再按照比正常价格水平低的定价进行销售。这一定价策略犹如从鲜奶中撇取其中所含的奶油一样，故被称为撇脂定价。哈根达斯、苹果电子产品在中国市场就是采用的撇脂定价策略。

以特斯拉为例，其品牌战略是，预先宣布价格策略，根据企业对新老产品定价的不同，将市场划分为不同板块，再按照不同市场板块对应的支付意愿阈值推出不同产品。在撇脂定价情形下，企业的第一代产品以相对较高的定价吸引高端用户购买，第二代产品以相对较低的定价扩大市场。品牌战略中包含明确的产品定价策略，不同的价位针对市场上不同的消费人群，而不同购买力的消费人群又会反作用于品牌形象，即构建消费人群形象。

与欧美发达国家不同的是，大多数新兴经济体，如中国、印度等发展中国家，最先富裕的一部分人在消费西方国家的日用品牌时，会选择最顶端的商品，这在国内消费环境中引领了一种“不买对的，只买贵的”的风尚。因为只有价格才能彰显个人的身份地位，而品牌战略与定价策略息息相关。如豪华跑车的奢侈品品牌玛莎拉蒂和法拉利，在发达资本主义国家要么是由租赁公司租给普通人娱乐消费日用，要么是真正意义上的有钱人、年龄多在 50 岁以上消费者购买，但是在发展中国家，以上两款跑车的平均消费年龄在 32 岁以下。一款在欧美国家象征“资深贵族”品牌形象的跑车，在中国市场建构的品牌形象却是“富二代”和“好逸恶劳”。特斯拉在进入中国市场之初的品牌形象战略在于“科技感”和“革新者”，在此基础上的高价定位就合情合理。科技感和革新者的品牌形象让中国市场的互联网精英“心有戚戚焉”，仿佛找到了知己，也看到了自身与“富二代”群体消费的差异性所在。最为关键的是，这款纯电动的革新者形象象征着汽车领域进入了新时代。

一般情况下，撇脂定价策略适用于以下条件：第一，市场上存在一批购买力很强且对价格不敏感的消费者，他们的购买使企业有丰厚的利润可图；第二，暂时没有竞争对手推出同样的产品，本企业的产品具有明显的差别化优势；第三，当竞争对手加入时，本企业有能力转换定价方法，通过提高性价比来提高竞争力；第四，本企业的品牌在市场上有传统的影响力。以上四个条件，特斯拉满足前三个，从电动汽车引领者的角色定位来看，第四个也是满足的。虽然没有汽车制造的传统，但是特斯拉满足该领域开创者的品牌战略定位。从 2016 年起，市场上先后涌入了众多电动汽车制造商，既有传统的奔驰、宝马、大众、比亚迪等品牌，也有蔚来、小鹏、理想等新兴品牌。而特斯拉在中国市场的品牌战略也是从几百万的 X、S 系列到 30 万左右的 Y、3 系列，在不同的价格区间都有产品分布。

由于前期的高定价和高品牌受众形象定位，在调整价格之后特斯拉依然在电动汽车行业中有巨大的竞争力和市场保有量。

（三）营销策略的逆向而行

特斯拉在中国市场的营销策略并非广告宣传，而是大量的新闻事件和线下产品展示。当北京环路上越来越多的特斯拉车标出现在堵车队伍中时，当小区里越来越多的停车位上出现特斯拉时，当特斯拉在中国建厂和特斯拉创始人的新闻成为人们茶余饭后的谈资时，特斯拉品牌已经不需要通过传统意义上的广告进行品牌传播和产品推广了。

第一，特斯拉营销的最大特点是“逆向而行”，从来不在媒体上投放广告，而善于使用事件营销和新闻热度，哪怕是负面新闻，特斯拉也能很好地站在自身立场进行品牌传播。当然，也有危机事件处理不当的情况，特斯拉低估了网络舆情对品牌的负面影响。第二，特斯拉善于通过线下的品牌展示，比如在高档商圈和写字楼地下停车场铺设充电桩，在购物中心的店面进行展示，在人流量较大的场所提供产品说明，锁定目标人群，进行深度链接，增加用户黏性。第三，特斯拉尽可能减少从工厂到提车的环节，如在北京设亦庄和蟹岛两个提车点，大大降低了中间环节的成本。与传统 4S 店不同的是，特斯拉价格公开透明，所有的车辆都是统一价格，不存在消费者在不同的 4S 店提车价格不一的情况。4S 店只负责展示和试驾，并不负责最终的提车和尾款支付环节。以上三点营销策略是传统汽车品牌所不具备的，由于在营销环节和出厂销售中间环节成本的大幅度降低，特斯拉也就具备了更多的降价空间，这使其在市场中保持长期的竞争力。

一直以来，传播创新技术所引发的人类命运共同体的联想都隐藏在宏大叙事当中。世界博览会、奥运会分享着相同的想象，追寻着人类失去的共同默契，人们在这种普遍透明的联系中，彼此吸引、彼此协作、彼此安慰又彼此促进。

二十大报告指出，全面建设社会主义现代化国家，必须坚持中国特色社会主义文化发展道路，增强文化自信，围绕举旗帜、聚民心、育新人、兴文化、展形象建设社会主义文化强国，发展面向现代化、面向世界、面向未来的、民族的、科学的、大众的社会主义文化，激发全民族文化创新创造活力，增强实现中华民族伟大复兴的精神力量。

讲好中国故事，对外有利于塑造国家形象。中国共产党领导中国人民创造的人类文明新形态具有鲜明的中国特色、中国气派和中国风骨，向世界阐释好中国故事，是连接人类文明新形态与世界主流叙事的关键节点。

讲好中国故事，对内有利于增强凝聚力和向心力。在全球化背景下，中国传统文化和主流价值观受到冲击，中国故事的内容建构缺少多维平衡。伴随着智能技术、商品消费和旅游留学，西方文化对国人的生活和价值观产生了深刻影响。如何有效承载和传播中国传统文化，讲好中国故事，关乎中国人的民族自信根基“文化自信”的树立，更关乎世界了解中国。

数字广告中的数字技术让原本丰富的传播生态链更加复杂。广告在消费行为里创造价值，让受众接触品牌的时候感受到商品所传达的理念和意义。用数字广告承载中国故事，是将中国传统文化附着在具体的传统节日、地理区域文化、名胜古迹和自主品牌产品之上，使消费者在享用商品的同时，吸纳、理解和接受中国文化与中国故事。数字广告的发展体现了媒体环境的变化，从电视到网络，媒体触达消费者的时间长度改变、对象定位和反馈机制改变，消费者的接受习惯和场所改变，但数字广告传递品牌主张的本质没有变化，它依然要清楚地传达理念、提炼信息，为消费者实现其独特“消费主张”提供帮助。

后 记

十年前第一次去欧洲，我惊叹于建筑物外墙户外广告的大胆、前卫与匪夷所思，好奇其中所蕴含的表意逻辑。从西欧到东欧，然后到南欧，哪怕看不懂文字，但图像和色彩的冲击让人久久不能忘怀。不同国家、民族、种族之间肉眼可见的视觉表现差异巨大。后来又陆陆续续去了土耳其、巴尔干半岛、日本，旅行带给人的记忆之深刻埋下了我执着探索的种子。

五年前去美国访学生活一年，每天观看大量的视频广告，游走在从布法罗到基韦斯特、从西雅图到圣地亚哥整个东西海岸沿线的城市和地区，穿梭在约书亚树国家公园和拥有大量墨西哥移民的亚利桑那州，我发现人与人之间的语言交流、表达逻辑、商业信息的视觉呈现存在巨大差异。在迈阿密，酒店和餐厅的服务员甚至不会说英语，只要用葡萄牙语或者西班牙语就可以生存。

好奇心驱使我进一步探索跨文化传播的可能性和内在逻辑：如果说一个人语言的边界就是其认知的边界，那么对于族群而言，代代传承和约定俗成的社会规约，对于阐释图像、文字、语言、故事，就具有更强大的磁场引力和逻辑示范功能。跨文化传播是异常艰难的，人们总会因为利益驱使、地缘政治、历史冲突等问题形成集体记忆，带着刻板印象或思维定式去解读他者并圈禁自我。本书从数字广告的视觉影像入手，希望以商品信息全球流通附着的文化基因为切入口，窥探人们在消费主义世界中残存的文化自留地和他者包容度。

本书是在我主持的国家社科基金青年项目、教育部社科基金青年项目等系列科研训练和学术积累的基础上，结合自己的研究兴趣而撰写的一部专著。它从跨文化传播的个体视角建构文本，按照理论逻辑、话语修辞和广告实践三大部分进行书写。其中的理论架构和哲学思考要感谢学术会议中多位专家观点的启发，尤其是武汉大学的单波教授、中国人民大学的林升栋教授、复旦大学的王德峰教授；还有美国北卡罗来纳大学教堂山分校的罗伯特·劳特朋教授、克劳斯·劳伦斯教授、已故的唐纳德·肖教授，他们在我访学期间给予我大量帮助和启发，让我在跨文化交流的图景认知中茅塞顿开。

最后，本书的完成离不开北京工商大学学科建设的资助，感谢单位领导和同事给予的支持，感谢我的研究生谢文萱、陈开琳的协助付出。感谢中国传媒大学出版社张毓强社长的指导鼓励和责任编辑裴向敏老师的耐心帮助。笔者深知书中所涉猎话题浩瀚无垠，案例选取挂一漏万，观点尚有不成熟之处，烦请各位专家学者和业界同行批评指正。

路漫漫其修远兮，吾将上下而求索。

张慧子

2023 年 5 月 27 日 于北京

图书在版编目（CIP）数据

跨文化传播：广告与视觉修辞 / 张慧子著. -- 北京：中国传媒大学出版社, 2023.7
ISBN 978-7-5657-3439-7

Ⅰ. ①跨… Ⅱ. ①张… Ⅲ. ①广告—文化传播—研究 Ⅳ. ①F713.8

中国国家版本馆CIP数据核字(2023)第119939号

跨文化传播：广告与视觉修辞
KUAWENHUA CHUANBO : GUANGGAO YU SHIJUE XIUCI

著　　者　张慧子
责任编辑　裴向敏
封面设计　拓美设计
责任印制　李志鹏

出版发行　中国传媒大学出版社
社　　址　北京市朝阳区定福庄东街1号　　**邮　　编**　100024
电　　话　86-10-65450532　65450528　　**传　　真**　65779405
网　　址　http://cucp.cuc.edu.cn
经　　销　全国新华书店

印　　刷　唐山玺诚印务有限公司
开　　本　787mm × 1092mm　1/16
印　　张　12
字　　数　221千字
版　　次　2023年7月第1版
印　　次　2023年7月第1次印刷

书　　号　ISBN 978-7-5657-3439-7 / F · 3439　　**定　　价**　59.00元

本社法律顾问：北京嘉润律师事务所　郭建平